FAB LAB
A VANGUARDA DA NOVA REVOLUÇÃO INDUSTRIAL

Fabien Eychenne
Heloisa Neves

FAB LAB
BRASIL

versão brasileira

Reedição: Heloisa Neves
Revisão Capítulo 3 (máquinas e equipamentos): Eduardo Lopes
Revisão de texto: Ana Lucia Domingues

Este é um projeto do Editorial Fab Lab Brasil, coordenado pela Associação Fab Lab Brasil.
ww.fablabbrasil.org

EYCHENNE, Fabien e NEVES, Heloisa. Fab Lab: A Vanguarda da Nova Revolução Industrial. São Paulo: Editorial Fab Lab Brasil, 2013.

Este livro é uma reedição da versão francesa *"Fab Lab: L´Avant Garde de la Nouvelle Révolution Industrial"* escrito por Fabien Eychenne, publicado por *Fyp Editions*, coordenado por *La fabrique des posibles - Fing* e dirigido por Daniel Kaplan

www.fypeditions.com
www.fing.org

sumário

Sobre este livro p.05

Os autores p.07

Capítulo.1 – O que é um Fab Lab? p.09

Capítulo.2 – Modelos de Fab Lab p.17

Capítulo.3 – Criação de um Fab Lab p.27

Capítulo.4 – Projetos p.45

Capítulo.5 – Educação p.55

Capítulo.6 – Em direção a um p.61
novo paradigma de inovação

agradecimento e rumo ao futuro p.71

sobre este livro

Este livro se apoia em uma série de viagens conduzida entre 2011 e 2012, por Fabien Eychenne, em vários Fab Labs do mundo, a fim de entender melhor, ir mais longe e encontrar os atores que criaram e continuam dando vida aos Fab Labs. Ele tenta chegar mais próximo dos usuários que frequentam estes laboratórios e desenhar uma tipololgia e se interessa por descobrir verdadeiramente estes espaços, descrever as especificidades, os problemas; tentando assim desenhar um retrato fiel dos diferentes encontros realizados durante as visitas experimentais. Ao interrogar a comunidade criativa e a equipe que trabalha nestes Fab Labs, o objetivo foi sempre o de relatar o funcionamento do dia-a-dia, observar os usos, práticas, projetos e compreender os modelos econômicos emergentes.

A reedição brasileira traz consigo esta pesquisa realizada, adicionando a experiência vivencial do primeiro ano da rede no Brasil. Através do olhar de Heloisa Neves, o texto francês ganha uma cor brasileira e contornos do que pode vir a ser a rede no país.

Sobre a organização dos capítulos e conteúdo, pode-se dizer que uma primeira parte, mais descritiva, deseja mostrar o Fab Lab na sua totalidade, descrevendo o que exatamente é esta rede, os diferentes modelos, o processo de criação de um Fab Lab, os projetos e a sua estrutura educacional. Esta descrição tenta sempre manter a relação com os princípios gerais do ecossistema em que estes laboratórios estão inseridos. E em seguida, ele se aprofunda nas oportunidades que os Fab Labs oferecem, em que paradigmas e mudanças eles se encaixam, especialmente sobre a perspectiva da inovação.

Este livro não pretende ser um modelo, mas um guia para que os interessados comecem a compreender a complexidade da rede e seu potencial educacional, social e econômico.

os autores

Fabien Eychenne

Depois de coordenar o programa "Villes 2.0" pela organização parisiense Fing, o autor dirigiu o projeto "Fab Lab Squared", primeira iniciativa de criação de uma rede francesa de Fab Labs. Ele também foi responsável pela expedição Refaire: novas práticas, novas fábricas", que pesquisa e propõe novos modelos de produção através de novas ferramentas, estruturas e processos; projeto este que vem impactando positivamente diversas empresas francesas. O autor também escreve para o blog "Produire autrement" dedicado aos modos de fabricação industriais a partir do sistema digital e colaborativo, publicou o estudo "Tour d´horizon des Fab Labs" e é autor da obra "La Ville 2.0, complexe e familière", FYP Editions, coleção "Fabrique des Posibles", 2009.

Para maiores informações sobre os projeto descritos, vide www.fing.org

Heloisa Neves

Vem trabalhando com a rede Fab Lab desde 2011, tentando compreender melhor como ela se estrutura e que modelos de Fab Lab poderiam ser viáveis no Brasil. Se graduou pelo Fab Academy no ano de 2012, através do Fab Lab Barcelona. Passou cinco meses colaborando com o dia-a-dia do Fab Lab Sevilla. Visitou diversos Fab Lab europeus e hoje participa ativamente da rede, especialmente no que diz respeito à criação de novos laboratórios no Brasil. É diretora executiva da Associação Fab Lab Brasil e Fab Manager do mais recente laboratório brasileiro, o Garagem Fab Lab. É também doutoranda pela FAU USP, onde pesquisa a relação entre Open Design, Fab Lab e Inovação. Participou de alguns projetos na rede, dentre eles: Fab Lab Kids, Fab Lab Around the World, Fab Teletransportation e Fab Academy Brasil 2013.

Para maiores informações sobre a autora e os projetos descritos, vide www.heloisaneves.com

CAPÍTULO.1

O que é um Fab Lab?

Um Fab Lab (abreviação do termo em inglês fabrication laboratory) é uma plataforma de prototipagem rápida de objetos físicos e está inserido em uma rede mundial de quase duas centenas de laboratórios: dos Estado Unidos ao Afeganistão, da Noruega a Gana, de Costa Rica a Holanda.

Ele se destina aos empreendedores que querem passar mais rapidamente da fase do conceito ao protótipo; aos designers, aos artistas e aos estudantes que desejam experimentar e enriquecer seus conhecimentos práticos em eletrônica, em CAD/CAM[1], e também aos makers[2] e hackers[3] do século XXI. Ele está inserido em uma rede mundial de quase duas centenas de laboratórios: dos Estado Unidos ao Afeganistão, da Noruega a Gana, de Costa Rica a Holanda.

Um Fab Lab agrupa um conjunto de máquinas por comando numérico de nível profissional, porém de baixo custo, seguindo um padrão tipológico. São exemplos: uma máquina de corte a laser capaz de produzir estruturas 2D e 3D, uma máquina de corte de vinil que fabrica antenas e circuitos flexíveis, uma fresadora de alta resolução para fabricar circuitos impressos e moldes, uma outra maior para criar peças grandes. Há também componentes eletrônicos múltiplos, bem como ferramentas de programação associadas a microcontroladores abertos, de baixo custo e eficientes. Estes dispositivos são controlados por meio de um software comum de concepção e fabricação assistida por computador. Os outros sistemas mais avançados, tais como as impressoras 3D, podem igualmente equipar certos Fab Labs.

Apesar das máquinas de comando numérico serem uma grande atração nos Fab Labs, a característica principal deste laboratório é sua "abertura". Contrariamente aos laboratórios tradicionais de prototipagem rápida que podem ser encontradas em empresas, em centros especializados dedicados aos pro-

....
1 Em inglês: CAD (Computer Aided Design - Projeto Assistido por Computador) e CAM (Computer Aided Manufacturing - Fabricação Assistida por Computador)
2 Maker: um maker é a pessoa que faz ou fabrica os objetos com suas próprias mãos, desenvolvendo todo o processo. Está relacionado com o movimento DIY (do it yourself – faça você mesmo). É um conceito antigo, mas que passou a ter grande importância com a surgimento dos novos espaços de produção desencadeados com a revolução digital.
3 Hacker é um indivíduo que se dedica, com intensidade incomum, a conhecer e modificar os aspectos mais internos de dispositivos, programas e redes de computadores.

fissionais ou universidades, os Fab Labs são abertos a todos, sem distinção de prática, diploma, projeto ou uso. Os Fab Labs se inscrevem no movimento do "terceiro lugar"[4] e nos mecanismos de trabalho colaborativo da internet e, em particular, da web 2.0. Estes mecanismos de troca, de peer-to-peer[5], de colaboração, de cooperação, de interdisciplinaridade, de compartilhamento, de aprendizagem através da prática, do "do it yourself"[6], de práticas inovadoras ascendentes e comunitárias são favorecidas e encorajadas. Esta abertura, chave do sucesso e da popularidade dos Fab Labs, facilita os encontros, o acaso e o desenvolvimento de métodos inovadores para o cruzamento de competências. Estes espaços abertos a todos e acessível (tarifas baixas ou mesmo o acesso livre) favorece a redução de barreiras à inovação e à constituição de um terreno fértil à inovação.

História

O primeiro Fab Lab surgiu no Massachusetts Institute of Technology (MIT)[7], mais especificamente no laboratório interdisciplinar chamado Center for Bits and Atoms (CBA)[8] fundado em 2001 pela National Science Foundation (NSF)[9]. Este ambicioso centro de pesquisa tem como objetivo o interesse pela revolução digital e, em particular, pela fabricação digital, cujas evoluções poderiam, eventualmente, produzir ferramentas capazes de unir a matéria ao nível atômico. Os Fab Labs[10] são para o CBA o componente educacional de sensibilização à fabricação digital e pessoal, democratizando a concepção das tecnologias e das técnicas e não somente o consumo.

O primeiro Fab Lab foi implantado no CBA sob a liderança de Neil Gershenfeld[11], professor e diretor do CBA, vinculado ao célebre MIT Media Lab. Seus campos de pesquisa são bastante interdisciplinares, da física à computação quântica, da nanotecnologia à fabricação pessoal. Durante seu discurso na conferencia TED 2006[12], Gershenfeld retorna à gênese dos Fab Labs: "a fim de trabalhar questões de fabricação digital, o CBA obteve um financiamento importante para compra de máquinas capazes de fabricar qualquer coisa em qualquer escala. Eu passei muito tempo ensinando aos estudantes como usar estas ferramentas. Para facilitar este processo, criei um curso intitulado "How to Make Almost Anything" (tradução para o português: como fazer quase qualquer coisa). Estudantes de todos os cursos apareceram. Eles não possuíam necessariamente as habilidades técnicas, mas todos eles produziram resulta-

---

4 Verificar sobre o conceito de "terceiro lugar" no livro de referência do sociólogo americano Ray Oldenburg, The Great Good Place: Cafes, Coffee Shops, Community Center, Beauty Parlors, General Stores, Bars, Hangouts and How They Get You Through the Day. EUA: Paragon House, 1989.
5 Par a par ou ponto a ponto, na tradução ao português
6 Faça você mesmo, na tradução ao português
7 Cf. www.web.mit.edu
8 Cf. www.cba.mit.edu
9 Cf. www.nsf.gov
10 Cf. www.fab.cba.mit.edu
11 Cf. http://en.wikipedia.org/wiki/Neil_Gershenfeld
12 Cf. http://www.ted.com/talks/neil_gershenfeld_on_fab_labs.html - Vídeo Neil Gershenfeld on Fab Labs durante o TED

dos incríveis, surpreendentes. E eu percebi que o "killer product" (aquele que desencadeia o surgimento de um mercado) da fabricação pessoal é o produto que trata de um mercado de uma pessoa. Não há necessidade de proceder a tais dispositivos para fabricar um produto que encontramos na grande distribuição, mas eles são úteis para fabricar o que é único. Os estudantes portanto inverteram as máquinas para inventar a fabricação pessoal (...)."

Neste contexto e além do espaço da universidade, os Fab Labs foram criados seguindo um modelo que provém da internet, mais especificamente da web colaborativa 2.0, que auxiliou na democratização das ferramentas de compartilhamento, de edição, criação e deu a permissão ao usuário de se transformar em "ator" do processo.[13]

Neste sentido, os Fab Labs devem responder a algumas questões:

• Ser vetor de empoderamento, de implementação de capacidade, ser um organismo ativo

• Voltar à aprendizagem da prática da tecnologia (o fazer) na criação de protótipos, permitindo espaço para o erro de forma incremental, e no privilégio das abordagens colaborativas e transdisciplinares

• Responder aos problemas e questões locais, em particular nos países em desenvolvimento, se apoiando na rede internacional

• Valorizar e pôr em prática a inovação ascendente

• Ajudar a incubar empresas para facilitação de processos

How to Make (Almost) Anything

Sob este título representativo das possibilidades abertas pelos Fab Labs encontra-se um módulo de formação bastante popular no MIT, proposto por Neil Gerhsenfeld. Criado no início dos anos 2000, este curso permite aos estudantes dominar a utilização de diferentes máquinas de comando numérico disponíveis no Center for Bits and Atoms (CBA). Ele conduziu Gershenfeld a desenvolver o primeiro Fab Lab, a fim de facilitar o acesso às máquinas digitais. Primeiramente reservado aos estudantes do campus, o módulo do curso está atualmente disponível online.[14] Ele é a base da formação distribuída proposta pelo Fab Academy[15], curso distribuído da rede Fab Lab, cujas aulas são ministradas pelo próprio professor Neil Gershenfeld e coordenado por diferentes laboratórios da rede.

Um movimento mundial

O conceito de Fab Lab criado inicialmente pelo CBA-MIT e financiado em parte pela NSF emancipou e desenvolveu-se internacionalmente, independente do seu criador. De acordo com Gershenfeld, o número de laboratórios dobra

---

13 Cf. Neil Gershenfeld, conferência Fab6, "The sixth international Fab Lab conference" , de 15 a 20 de agosto de 2012 (http://fab6.nl)
14 Cf. http://fab.cba.mit.edu/classes/863.12/e
15 Verificar maiores detalhes sobre o Fab Academy no capítulo 5 deste livro

todos os anos.[16] Hoje, a página web oficial do CBA conta com 120 laboratórios em operação na escala global e 25 em planejamento[17].

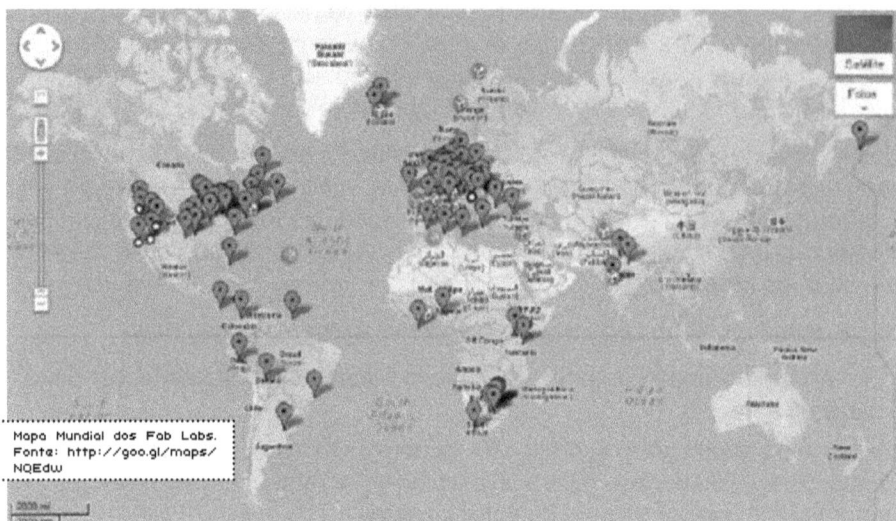

Mapa Mundial dos Fab Labs.
Fonte: http://goo.gl/maps/
NQEdw

A dimensão "rede" está inscrita na essência do Fab Lab por diversos motivos. Primeiramente, os Fab Labs seguem a internet e, como tal, são formidáveis plataformas de inovação colaborativa. Em segundo lugar, facilitam sobremaneira a abertura, a conexão entre pessoas e organizações, as trocas e os cruzamentos entre os membros que o utilizam. Além disso, o kit padrão de máquinas por comando numérico comum aos diferentes Fab Labs permite replicar processos desenvolvidos em qualquer laboratório, independente de sua localização. Esta singularidade tecnológica permite e facilita o compartilhamento do conhecimento e do saber. Vale ressaltar que essas trocas não são dirigidas unicamente sobre um eixo global norte-sul, apresentando múltiplos vetores horizontais. A rede desenvolveu uma comunidade mundial alimentada pelas especificidades culturais, técnicas, econômicas e sociais. A criação de um projeto colaborativo se dá em função de competências locais disponíveis, sendo que todos os interessados participam na realização de alguma tarefa. Uma vez prototipado o objeto e testados os processos, o projeto pode facilmente ser replicado pelos outros Fab Labs da rede.

Se num primeiro momento, os Fab Labs foram desenvolvidos sob a égide do CBA-MIT, sua popularidade levou muitas estruturas a criar seus próprios laboratórios de fabricação digital abertos, os quais seguem os princípios criados pelo próprio CBA-MIT, porém com bastante independência para adequar-se à realidade local. Sua popularidade e o fato do Fab Lab não ser uma "marca registrada" também tem provocado um segundo efeito: alguns laboratórios que não compartilham os princípios de abertura, inovação social e democratização

16 Cf. https://vimeo.com/25814127 - Vídeo de apresentação dos Fab Labs realizado por Nod-a, Fing e Silicon Sentier, baseado na intervenção de Neil Gershenfeld no Festival Future en Seine 2011 em Paris
17 Cf. http://fab.cba.mit.edu/about/labs. Número verificado em junho/2013

da tecnologia, sendo considerados somente laboratórios de prototipagem, estão usando o nome Fab Lab por uma questão de publicidade ou mesmo por falta de conhecimento, pensando assim pertencer à rede.

A Associação Fab Lab Brasil

No Brasil, assim como em outros países como Holanda, Portugal e Peru, a criação de uma associação nacional tem como objetivos: esclarecer questões referentes aos princípios de um Fab Lab, auxiliar na divulgação de informações consistentes e também ajudar os laboratórios nascentes, a fim de que o conceito seja realmente compreendido e estes laboratórios possam ser, além de máquinas e softwares, verdadeiras plataformas de inovação. No Brasil, este trabalho vem sendo realizado pela Associação Fab Lab Brasil, criada em dezembro de 2012.[18]

No Brasil, este trabalho vem sendo realizado pela Associação Fab Lab Brasil, criada em dezembro de 2012.[19] Em relação aos laboratórios físicos, o Brasil conta com dois deles em funcionamento: o Fab Lab SP, que está situado dentro da FAU USP e o Garagem Fab Lab, no centro de São Paulo. Ele também conta com alguns em planejamento nas cidades do Rio de Janeiro, Curitiba, Florianópolis, Porto Alegre, Fortaleza e Recife[20].

Por uma fabricação digital pessoal

A fabricação digital permite criar uma cadeia integrada da concepção à produção. Esta cadeia passa pela utilização da lógica de CAD (projeto assistido por computador) e CAM (fabricação assistida por computador). Este não é um processo recente, Neil Gershenfeld lembra que a conexão de um computador à uma máquina foi realizada no ano de 1950 no MIT[21], sendo que as grandes indústrias utilizam este sistema em linhas de montagem há anos. Os centros de mecatrônica que auxiliam as empresas a desenvolver protótipos rápidos também possuem experiência no tema.

A mudança causada pelos Fab Labs é percebida na paisagem da inovação e na possibilidade da oferta ao público de se apropriar da fabricação digital pessoal. Desta maneira, os usuários podem rapidamente passar de uma ideia à sua concepção através da lógica de CAD e realizar um primeiro protótipo. Muitas pessoas dizem que o Fab Lab permite "refinar" o projeto, estimar sua viabilidade e, se a intenção é de desenvolver uma série ou produto, ser capaz de apresentar aos potenciais investidores um primeiro modelo funcional, os quais podem, em seguida, ser retrabalhados em diferentes centros especializados. Os Fab Labs, por conseguinte, fazem parte do ciclo de vida do produto, visto que sua flexibilidade e acessibilidade os tornam verdadeiras plataformas

18 Cf. www.fablabbrasil.org
19 Cf. www.fablabbrasil.org
20 Cf. http://goo.gl/maps/9Fyps
21 Cf. http://vimeo.com/29048682 - Entrevista de Neil Gershenfeld no festival Future en Seine em 2011 em Paris

e reduzem barreiras à inovação.

O nome Fab Lab e a Fab Charter

A fim de guardar o espírito desenvolvido pelos primeiros Fab Labs – notadamente sua abertura – o CBA redigiu uma carta co-escrita pelos primeiros Fab Labs, denominada Fab Charter[22], cuja primeira publicação data de agosto de 2007 e sua reestruturação de outubro de 2012. O respeito a ela permite a qualquer laboratório o direito de se inscrever na rede e intitular-se Fab Lab. Em certos países, por exemplo, Holanda e Portugal, onde o termo Fab Lab foi registrado como uma marca[23], o respeito à Fab Charter dá o direito de utilização do nome.

Portanto, o processo para poder usar o nome Fab Lab é, primeiramente, seguir a Fab Charter. Depois disto, contatar a associação nacional correspondente ou diretamente o CBA e pedir que o nome do laboratório seja agregado à lista. Deve-se afixar a carta ao laboratório, a fim de que todos os usuários tenham acesso e respeito a ela.

> **A Fab Charter**
>
> **O que é um Fab Lab?**
>
> Fab Labs são uma rede global de laboratórios locais, permitindo a invenção e fornecendo acesso a ferramentas de fabricação digital.
>
> **O que contém um Fab Lab?**
>
> Fab Labs compartilham um inventário de máquinas e componentes em evolução que auxilia na capacidade básica de fazer (quase) qualquer coisa, permitindo também o compartilhamento de projetos desenvolvidos ali pelas pessoas.
>
> **O que fornece a rede Fab Lab?**
>
> Assistência operacional, educacional, técnica, financeira e logística, além do que está disponível dentro dos laboratório.
>
> **Quem pode usar um Fab Lab?**
>
> Fab Labs estão disponíveis como um recurso da comunidade, oferecendo acesso livre para os indivíduos, bem como o acesso programado para programas específicos.
>
> **Quais são as suas responsabilidades?**
>
> segurança: não ferir as pessoas ou danar as máquinas
>
> operações: ajudar com a limpeza, manutenção e melhoria do laboratório
>
> conhecimento: contribuir para a documentação e instrução
>
> **Quem é o dono das invenções realizadas dentro do Fab Lab?**
>
> Projetos e processos desenvolvidos no Fab Lab podem ser protegidos e

22 Cf. http://fab.cba.mit.edu/about/charter
23 Cf. http://fablab.nl/licenties/ e http://www.fablabedp.edp.pt/

Indo além da Fab Charter, elencamos aqui uma série de pontos desenvolvidos por Sherry Lassiter, "program manager" da rede mundial Fab Lab, a qual auxilia no entendimento da mesma e aprofunda alguns pontos no tocante à utilização do nome:

Abertura - primeiro ponto e o mais importante, a abertura do Fab Lab ao público é essencial. Um Fab Lab tem como objetivo democratizar o acesso às ferramentas e máquinas para permitir a invenção e as expressões pessoais. O Fab Lab deve ser aberto ao público, gratuitamente ou em troca de serviços (auxílio nas rotinas diárias, formação, palestras, workshops etc), ao menos uma parte da semana, um dos pontos verdadeiramente essenciais.

Carta - os Fab Labs seguem a Fab charter. Esta carta deve ser publicada em algum lugar da página web do Fab Lab e afixada no espaço.

Máquinas e Processos - os Fab Labs devem compartilhar ferramentas e processos comuns. Ser apenas um laboratório de prototipagem ou simplesmente possuir uma impressora 3D não é o equivalente a um Fab Lab. Os laboratórios compartilham o conhecimento, o saber, os arquivos, a documentação e colaboram com os outros Fab Labs nacional e internacionalmente. Se um Fab Lab fabrica algum objeto em Boston e envia os arquivos e documentação necessária, você deve poder reproduzir este projeto facilmente em qualquer outro laboratório do mundo.

Rede de Fab Lab - você deve participar ativamente da rede de Fab Labs, não permanecendo isolado, mas sim fazendo parte de uma comunidade de compartilhamento de conhecimento. A videoconferência é uma das ferramentas para entrar em contato com outros Fab Labs, assim como participar dos encontros anuais, colaborar e realizar parcerias através de workshops, projetos, concursos com outros Fab Labs.

Juntas, estas quatro características permitem criar este ambiente chamado "Fab Lab" e, estando estas condições atendidas, o logo Fab Lab poderá ser utilizado. Porém, é importante ressaltar que a permissão é somente para o uso do logo Fab Lab e não do MIT. Estes são usos distintos e não devem ser confundidos.

Como a rede Fab Lab possui o princípio de horizontalidade de maneira muito forte, uma outra lista colaborativa[24] foi criada e pode ser alimentada pela própria comunidade. Ela é de conhecimento do CBA-MIT, mas é controlada diretamente pela comunidade. Através de uma auto-avaliação é possível incluir um laboratório à ela. A avaliação é feita através de um sistema de notação (A, B, C) associada a quatro critérios: acesso ao Fab Lab, adesão a Fab Charter, máquinas e processos e participação na rede.

....
24 Cf. http://wiki.fablab.is/wiki/Portal:Labs

CAPÍTULO.2

Modelos de Fab Lab

Os Fab Labs, apesar de se apoiarem em princípios comuns como os descritos pela Fab Charter (carta de princípios), possuir um kit padrão de máquinas e uma rede internacional, irá destacar-se entre si em função da organização de suporte, dos modos de financiamento e da equipe que trabalha no laboratório.

Na grande maioria dos casos, uma organização "mãe", uma estrutura associativa, uma fundação, uma universidade, um programa governamental são responsáveis pelo projeto de criação de um Fab Lab. Esta entidade tem um papel importante na orientação deste espaço e lhe dá uma "cor". A organização ou organizações que financiam um Fab Lab possuem um papel determinante na definição do mesmo (tipo de uso, tipos de usuários, modelo de gestão e de organização). Sendo assim, é possível desenhar três categorias de fab labs:

• aqueles que são sustentados por uma universidade ou uma escola: os **Fab Labs Acadêmicos**. Estes Fab Labs recebem projetos de estudantes e um número menor de usuários externos. Eles organizam regularmente workshops e os alunos podem ter acesso às maquinas por um menor custo, sendo que o valor para usuários externos é superior. Acerca do modelo de negócios, estes Fab Labs dependem majoritariamente das universidade e contam geralmente com uma ajuda de autoridades locais e, por vezes, alguns parceiros privados. A receita não cobre as despesas e este modelo de Fab Lab, geralmente, não é sustentável financeiramente.

• aqueles que têm por vocação o desenvolvimento de produtos, concebidos conjuntamente com empresas, startups, auto-empreendedores e makers: os **Fab Labs Profissionais**. Apesar de precisar se preocupar com a sustentabilidade financeira, devem igualmente permitir pelo menos uma jornada "Open Lab" por semana. Ou seja, ao menos um dia da semana precisam abrir suas portas a usuários que irão utilizar o laboratório a custo zero (uso de máquinas e/ou participação em atividades), pagando somente o material que utilizarem e, os outros dias serão reservados às atividades pagas. Estes Fab Labs, em sua maioria, precisam se sustentar financeiramente, visto que não possuem estruturas financiadoras por período indeterminado. O que geralmente ocorre é de se beneficiarem, nos primeiros anos, de auxílios públicos ou investimento inicial de associação de industrias ou mesmo do governo local. Depois disto, precisam buscar sua sustentabilidade financeira.

• aqueles que são sustentados por governo, institutos de desenvolvimento e por comunidades locais: os **Fab Labs Públicos**. Estes são realmente acessíveis a todos e totalmente gratuitos na totalidade do tempo. Os workshops e cursos de formação são organizados a fim de permitir um grande número de acesso pelo mais variado público. Os Open Lab Days, que nos outros modelos aparecem na menor parte da semana, é o modelo aqui vigente durante todo o tempo.

O Fab Lab Acadêmico

Objetivo

O objetivo dos Fab Labs Acadêmicos é desenvolver uma cultura de aprendizagem através da prática, permitir aos estudantes a realização de projetos "colocando a mão na massa", mas também organizando um espaço transdisciplinar e aberto ao exterior. Estes Fab Labs são criados geralmente por universidades ou centros de ensino.

Alguns exemplos[25]

• Fab Lab Barcelona, criado pelo IaaC (Institute for Advanced Architecture of Catalonia)
• LCCC Fab Lab, criado pela Loiran Country Community College nos EUA
• Fab Lab Sevilla situado dentro da Universidade de Sevilla
• FabLab@School, situado dentro da Stanford University
• Fab Lab Lima, apoiado pela Universidad Nacional de Ingeniería
• Fab Lab SP, criado pela Faculdade de Arquitetura e Urbanismo da Universidade de São Paulo

Organização de suporte

Na maioria dos Fab Labs visitados, o financiamento é assegurado pela universidade ou centro de ensino que disponibiliza a estrutura física, máquinas, componentes, técnicos, concepção pedagógica e pós- doutorandos para facilitar o funcionamento do laboratório.

Em alguns casos, este Fab Labs também recebem auxílios públicos oferecidos por diferentes escalas do governo, como é o caso do Fab Lab Barcelona, que

....
25 Verificar outras informações sobre o modelo Fab Lab Acadêmico e alguns destes Fab Labs citados no texto de Sara Alvarellos para o blog Complexitys - http://complexitys.com/english/34-fabbing-architecture-fab-lab-sevilla/#.UdyJqj6glcw

recebe além do suporte do IaaC, um financiamento da região da Catalunha e outro da cidade de Barcelona.

Usuários

- os estudantes de graduação (realização de projetos da faculdade)
- os pós graduandos (desenvolvimento de pesquisa prática individual ou através dos grupos de pesquisas)
- os professores (desenvolvimento de atividades de pesquisa e ensino)
- comunidade em geral (atividades de extensão)
- profissionais empreendedores (protótipos ou pequenas séries de produtos com finalidade comercial)
- artistas (fabricação de obras únicas)

Serviços

- Programas propostos para desenvolver o acesso às ciências e técnicas, e democratizar a prática
- Projetos de extensão para acesso da comunidade
- Formações e cursos sobre o uso das máquinas digitais, plataforma de prototipagem rápida, eletrônica, programação ou temas mais específicos
- Uso de maquinário para realização de protótipo, projetos únicos ou pequena séries pelos profissionais empreendedores, artistas e estudantes
- Oportunidade de participação em projetos colaborativos da rede

Tipos de projeto

Geralmente associados com a instituição de ensino e sua área de conhecimento. Apesar do laboratório estar aberto à realização de qualquer projeto, pelas habilidades da equipe e do Fab Manager, estes Fab Labs acabam por desenvolver-se mais na área onde atuam a organização de suporte. Com isto, o Fab Lab acaba por criar uma personalidade e, com o tempo, se aprofunda em assuntos mais específicos. Não há problema nisto, desde que não restrinja projetos que podem não estar atrelados à sua principal competência.

Agenda Tipo

- Ao menos um Open Lab semanal, gratuito e aberto a todos os interessados
- Nos outros dias: uso de máquinas via reserva online para estudantes e profissionais
- Cursos e workshops distribuídos por toda a semana

Investimento inicial

Geralmente, a organização de suporte cede o espaço e compra as máquinas, componentes, acessórios e consumíveis para a abertura do laboratório. Ela também paga pela capacitação e salário da equipe (Fab Manager e Gurus) e disponibiliza bolsistas para estagiar no espaço. O investimento inicial para abertura de um Fab Lab Acadêmico gira em torno de 300.000 reais, sem contar com o custo mensal de salários e manutenção do local.

Recursos Humanos

Este modelo conta geralmente com um Diretor (professor responsável pelo projeto), um Fab Manager (dedicação exclusiva, sendo às vezes um profissional contratado ou um bolsista de pós-doutorado), cerca de dois Gurus (instrutores competentes nas áreas de eletrônica, programação e fabricação digital) e cerca de três estudantes de graduação bolsistas que auxiliarão na dinâmica diária do laboratório. Os alunos de pós-graduacao auxiliam em atividades especificas.

Modelo econômico

Pode apresentar duas variações: ou a organização de suporte permite o pagamento do aluguel das máquinas e workshops para complementar a receita mensal ou o uso das máquinas e participação em workshops e cursos são pagos com conhecimento, através de contrapartida em horas de trabalho no laboratório, realização de workshops e cursos abertos a todos.

Aqui não se aplica o uso de cota mensal de sócio como pode aparecer em outros modelos. O pagamento se efetua na hora ou pelo tipo de utilização. Nos Fab Labs Acadêmicos, a maioria dos custos são suportados pela organização como uma forma de retribuir à própria rede e à comunidade os benefícios recebidos e também como forma de disponibilizar aos seus alunos um laboratório de qualidade e conectado globalmente.

Localização

O Fab Lab Acadêmico está situado dentro de universidades ou centros de ensino.

O Fab Lab Profissional

Objetivo

Mesmo respeitando a carta de princípios, o Fab Lab Profissional dirige principalmente seus serviços a um público de empresas, inovadores, startups, colocando à frente as possibilidades de prototipagem rápida, de conselho, locação de máquinas, de formação e de serviços personalizados acompanhados de uma abordagem de inovação.

Alguns exemplos[26]

- Fab Lab Manchester - Inglaterra
- Protospace - Fab Lab Utrecht – Holanda
- Fab Lab Leon - Espanha

> ### Tech Shop
>
> Estes Fab Labs se aproximam de outros modelos de laboratórios de fabricação digital existentes como os conhecidos Tech Shops. Estes espaços bém disponibilizam acesso às máquinas digitais, porém, sempre de forma paga e sem obrigatoriedade de compartilhamento do conhecimento ou acesso a uma rede. Os Tech Shops possuem máquinas de grande performance e em número maior que os Fab Labs. O acesso é feito via pagamento de uma mensalidade (como em uma academia de ginástica) e cada serviço adicional, como formação sobre máquinas, conselho personalizado e assessoria de prototipagem, deve ser pago adicionalmente. São espaços preparados para receber o profissional e ajudá-lo a desenvolver protótipos e pequenas séries. Por enquanto, situam-se somente nos Estados Unidos, em grandes espaços industriais (cerca de 1500 m^2). A grande diferença entre os Fab Labs Profissionais e o Tech Shop é o fato dos Fab Labs seguirem a Fab Charter e seus ideais de abertura e democratização da informação e da tecnologia, possuir um compromisso com a educação, uso gratuito do espaço durante os Open Lab Days e de se beneficiar de uma rede de quase 200 laboratórios que colaboram entre si.

Organização de suporte

Os Fab Labs Profissionais buscam alcançar o equilíbrio financeiro através da oferta dos serviços disponíveis (aluguel de máquinas, cursos, workshops, aluguel de todo o espaço etc). Alguns deles foram criados unicamente com fundos privados, outros dispõem de ajuda pública ou de subvenção privada para os primeiros anos de funcionamento. As parcerias com as incubadoras de empresas ou estruturas dedicadas à inovação permitem o contato com um público de profissionais que possivelmente irá retornar ao laboratório em projetos futuros.

Usuários

- profissionais empreendedores ou startups (protótipos ou pequenas séries de produtos com finalidade comercial)
- empresas (protótipos, realização de capacitação, cursos e espaço de criatividade para seus funcionários)
- amadores / entusiastas (desenvolvimento de projetos pessoais via fabricação digital)

---

26 Verificar outras informações sobre o modelo Fab Lab Profissional e alguns destes fab labs citados no texto de Sara Alvarellos para o blog Complexitys - http://complexitys.com/english/24-fabbing-entrepreneurship-fab-lab-leon/#.UdyliD6glcw

• estudantes (projetos escolares)

Serviços

Todos os serviços necessários por conduzir um projeto desde a concepção até a realização:

• Aconselhamento e auxílio no desenvolvimento dos projetos
• Palestras e mesas de discussão acerca de temas como novos processos de produção, inovação, licença aberta, colaboração, dentre outros temas contemporâneos que cerceiam o universo do profissional da área
• Locação de espaço para eventos diversos
• Locação de máquinas
• Aconselhamento em marketing, comunicação, desenvolvimento de projeto e auxílio à pesquisa de parceiros industriais ou financeiros
• Oportunidade de participação em projetos colaborativos da rede

Tipos de projeto

Na maioria dos casos, os projetos desenvolvidos possuem visão comercial. O Fab Lab intervém à montante, a fim de realizar protótipos funcionais e pequenas séries para nichos de mercado. Dentre diversos exemplos, podemos citar o projeto "It´s Unique"[27], um cartão pop up prototipado no Fab Lab Manchester e o projeto Ultimaker[28] iniciado no Protospace - Fab Lab Utrecht.

Agenda Tipo

• Ao menos um Open Lab semanal gratuito e aberto a todos os interessados
• Nos outros dias: uso de máquinas via reserva online ou reserva total do espaço
• Cursos e workshops distribuídos por toda a semana

Investimento inicial

O investimento inicial para um Fab Lab Profissional gira em torno de 400.000 reais em máquinas, componentes eletrônicos, acessórios e consumíveis para os primeiros seis meses. O custo de manutenção mensal depende do tamanho do laboratório, da quantidade de profissionais que compõem a equipe e dos serviços oferecidos.

Recursos Humanos

Abriga um número maior de profissionais. A equipe geralmente é formada por um ou dois Diretores (podendo um deles ser o Diretor Criativo), um Fab Manager e cerca de 3 a 5 Gurus (instrutores capacitados para auxiliar os profissionais em todas as etapas do projeto e em todos os processos), além dos

----

27 Cf. http://www.fablab.is/w/images/7/7a/Fab_Lab_Case_Study_Its_Unique.pdf
28 Cf. http://ultimaker.com/

estagiários (entre 3 e 5).

Modelo econômico

Neste modelo, os serviços devem ser pensados de modo a sustentar o espaço, sendo vistos como receita. Como o modelo de Fab Lab, em geral, possui a obrigatoriedade de acesso gratuito a atividades de democratização, um modelo de negócios misto, que reúna receitas provenientes tanto de usuário final quanto de parceiros e apoiadores público e privados pode ser um caminho para a sustentabilidade financeira.

Localização

Os Fab Labs Profissionais estão situados em zonas industriais ou no centro das cidades.

O Fab Lab Público

Objetivo

Sob o rótulo de Fab Lab Público estão os Fab Labs abertos realmente a todos, em lugares totalmente acessíveis e cuja finalidade é dar acesso às máquinas digitais, às praticas e à cultura do movimento maker e da fabricação digital. Estes lugares são vistos como vetores de emancipação e são geralmente apoiados por iniciativas pública ou privada, ou mesmo pelo mescla da duas.

Alguns exemplos[29]

• O DHub Barcelona, projeto que ocupou um museu durante um tempo determinado com uma estrutura do tipo Fab Lab. Este projeto foi coordenado pelo IaaC/Fab Lab Barcelona e financiado pela Fundación Española para la Ciencia y Tecnología, o Ministério da Economia e a Região da Catalunha. A ação teve como objetivo democratizar o uso da tecnologia de fabricação digital e abrir o conceito de Fab Lab a um público maior

• O Fab Lab Amsterdam, financiado pela Waag Society (instituto de arte, ciência e tecnologia) e a MediaGuild, associação que ajuda startups a crescer.

• O Fab Lab Afeganistão, inteiramente financiado pela NSF (National Service Foundation)

• Os Fab Labs da África do Sul, financiados pelos governos locais e usados por estruturas públicas

• O Fac Lab Paris, financiado pela empresa Orange e apoiado pela Université de Cergy Pontoise

• Os Fab Labs a serem implantados na cidade de Barcelona pelo projeto Fab City

....

29 Verificar outras informações sobre o modelo Fab Lab Público e alguns destes fab labs citados no texto de Sara Alvarellos para o blog Complexitys - http://complexitys.com/english/44-fabbing-cities-barcelona-fab-city/#.UdyJ7j6glcw

Organização de suporte

Estes Fab Labs são financiados por comunidades locais, governo, estruturas relacionadas com a inovação e, por vezes, subvenções privadas.

Usuários

O objetivo deste modelo de Fab Lab é o de ser aberto ao máximo ao grande público que, em um primeiro momento, irá explorar os recursos oferecidos pelas máquinas para realizar pequenas atividades (corte a laser de pequenos objetos, impressão 3d, trabalhos de eletrônica simplificados). O objetivo é que os usuários descubram as tecnologias, se capacitem e passem a trabalhar em projetos colaborativos. No Fab Lab de Amsterdam encontram-se estudantes de escolas de design, belas artes e arquitetura que não possuem acesso a este tipo de maquinário de comando numérico nos seus estabelecimentos. No Fac Lab de Paris os usuários são os mais variados, sendo que quase todos desconheciam a tecnologia antes de vir ao laboratório.

Serviços

• Formação e capacitação nos temas de eletrônica, programação e fabricação digital
• Palestras e mesas redondas sobre os temas relacionados ao movimento maker e inovação social via fabricação digital
• Cursos para domínio de técnicas de prototipagem rápida, capacidade de operar as máquinas por si mesmos
• Máquinas em serviço livre ou acompanhadas por um facilitador/estagiário
• Atividades para crianças através do projeto Fab Lab Kids
• Capacitação profissional através do Fab Academy

Tipos de projeto

Na maioria dos casos, os projetos envolvem problemática local e são desenvolvidos através de uma lógica de emancipação. Porém, encontramos também projetos realizados por amadores, artistas, engenheiros e designers que já possuíam habilidades para este tipo de tecnologia e desenvolviam os mais diversos tipos de projetos. Mas, de maneira geral, os projetos aqui desenvolvidos devem ser preocupar com a emancipação do cidadão.

Agenda tipo

• Open Lab Days durante toda a semana
• Cursos e workshops distribuídos por toda a semana, muitos deles conectando profissionais da própria rede Fab Lab
• Palestras e conferencias nacionais e internacionais através de eventos específicos

Investimento inicial

O investimento inicial para um Fab Lab Público vai depender do tamanho do espaço, das atividades a serem desenvolvidas e da comunidade de usuários. Dependendo do conceito do projeto, pode-se investir em um maior número de máquinas para atender a um maior número de usuários. Mas, para um valor de grandeza, pode-se considerar que o investimento inicial de um Fab Lab Público representa cerca de 300.000 reais, acrescidos dos custos mensais de salários da equipe e manutenção do espaço e das máquinas.

Recursos humanos

Um Fab Lab possui um ou dois Fab Managers em regime integral e Gurus que geralmente são contratados por atividade (já que aqui as atividades são mais diversificadas). Alguns laboratórios optam por contratar um ou dois Gurus permanentes. Também há os estagiários, que vão auxiliar o Fab Manager na administração do espaço e organização das atividades.

Modelo econômico

Geralmente, a organização de suporte financia o Fab Lab Público, sendo este entendido como uma estrutura pública da cidade, não possuindo a necessidade de se sustentar financeiramente. Muito comum são as parcerias com empresas em projetos específicos, a fim de que atividades especiais possam ser realizadas no espaço e o contato entre diferentes públicos se forme.

Localização

Atualmente o que se nota é que o Fab Lab Público está situado, majoritariamente, dentro de universidades. No entanto, são bem vindos e se adequam melhor ao modelo, espaços mais próximos da comunidade: em centros de bairro, estruturas da cidade como os conhecidos Tele Centros, museus, centros culturais ou mesmo em espaços de inovação.

CAPÍTULO.3

Criação de um Fab Lab

As máquinas e processos que compõem um Fab Lab não são recentes. Na verdade, muitos laboratórios de universidades, centros de P&D, plataformas de prototipagem rápida com utilização de máquinas de comando numérico existem há muito tempo, mas estavam limitadas ao uso estritamente estudantil ou profissional. A grande inovação do Fab Lab encontra-se na abertura desta tecnologia para todos os usuários e no cruzamento de informações entre estes diferentes públicos. Ela é o elemento central e determinante no desenvolvimento e democratização da fabricação digital. A abertura, assim como o baixo investimento financeiro para usufruir destes espaços criam um terreno fértil à inovação.

Espaço Físico e Configuração

O CBA-MIT não define o espaço necessário ao estabelecimento de um Fab Lab ou de seu layout, mas ao visitar os laboratórios Fab Lab ao redor do mundo, um padrão comum emerge:

• espaço compreendido entre 100 e 250m^2

• ao menos uma sala separada e fechada para o uso da fresadora de grande formato

• uma grande peça central, onde encontramos de um lado as máquinas menos barulhentas e do outro aquelas que são perigosas e/ou que geram poeira; postos informáticos; vários escritórios livres e mesas de reunião ou trabalho para uso de computador portátil

• espaço com possibilidade de relaxamento equipado com uma máquina de café, uma geladeira e sofás

• espaço de exposição de projetos finalizados

• estocagem de materiais e pequenas ferramentas

A configuração deste espaço varia fortemente em função dos edifícios onde os Fab Labs estão instalados. Por exemplo, o Fab Lab Amsterdam situa-se em um castelo antigo do século XVII e acomoda-se em 180m^2 de maneira bem compartimentada (diversas salas separadas). Já o Fab Lab Barcelona, por estar abrigado dentro de uma grande nave industrial, possui ambientes mais fluídos e um espaço de estocagem grande[1].

A localização, o tipo de apoio e o espaço físico dão uma cor ao Fab Lab, porém, os serviços propostos, as equipes técnicas e os modelos de financiamento oferecem igualmente uma grande importância na configuração.

Máquinas e Equipamentos

Os Fab Labs têm a particularidade de serem equipados com máquinas de comando numérico. Estas máquinas são comandadas por computadores capazes de interpretar os arquivos de CAD (computer aided design), traduzindo as coordenadas X, Y e Z do modelo ou desenho digital em uma série de comandos de posição, velocidade, corte ou extrusão, reconhecíveis pela máquina. Cinco máquinas por comando numérico constituem a base de equipamentos de um Fab Lab. O inventário disponibilizado pelo CBA-MIT[2] (e em processo de nacionalização pela Associação Fab Lab Brasil) apresenta além das máquinas, que permitem realizar múltiplos trabalhos, componentes eletrônicos e acessórios necessários para a criação de um Fab Lab. Possuir este "kit básico" é importante para a replicabilidade dos projetos em qualquer um dos laboratórios ao redor do mundo e a criação de processos de trabalho similares.

Cortadora de Vinil

A cortadora de vinil é basicamente igual a uma impressora caseira de papel, que ao invés de reservatórios de tinta, possui em sua cabeça de impressão uma fina lâmina de aço. Ela permite cortar materiais como vinil, papéis, filmes do tipo transfers, certos tecidos e adesivos de cobre usados na criação de circuitos impressos. Máquina relativamente fácil de comandar, é majoritariamente usada para customização de peças, mas igualmente usada para impressão de pequenos circuitos simples. Foram encontrados nos Fab Labs pesquisados dois modelos, a Roland GX-24 e a Craft Robo Pro e os preços variam entre 4.500 e 8.500 reais[3].

....
1 Para uma melhor visualização dos espaços, checar: http://heloisaneves.com/2013/03/08/fab-lab-around-the-world-different-models/
2 Cf. http://fab.cba.mit.edu/about/fab/inv.html
3 Valores relativos ao início de 2013

Cortadora a Laser

A cortadora a laser é igualmente uma máquina de comando numérico e que direciona com muita precisão um feixe de laser de CO_2 sobre o material a ser cortado ou gravado, movimentando-se sempre em dois eixos (X e Y). A potência do laser (medida em Watts) define a espessura dos materiais a serem cortados e está diretamente relacionada com a velocidade com que a máquina é capaz de operar.

Em nossas observações, durante a pesquisa de campo para a realização deste livro, percebeu-se que a cortadora a laser é uma das máquinas mais populares. É uma máquina fácil de ser usada pelos iniciantes e rapidamente apropriável pela sua simplicidade. Ela trabalha através de softwares de desenho vetorial populares, sendo também bastante segura, pois o feixe de laser somente funciona quando a porta está fechada (a abertura da mesma impede instantaneamente a tarefa). Por fim, dentro das máquinas que compõem um Fab Lab, esta é uma das mais rápidas.

Suas duas funções básicas são o corte e a gravação de materiais:

• Corte: madeira, papel, papelão, acrílico, couro, tecido, feltro
• Gravação: metal, alumínio, pedra, madeira

Os materiais mais comumente utilizados são a madeira (MDF), o acrílico e papelão; entre 2 e 10mm. Uma cortadora a laser do porte das que se utiliza dentro da rede Fab Lab pode custar entre 20.000 e 90.000 reais em função do tamanho, da potência e dos periféricos (exaustores de extração de fumaça, filtros, grelhas tipo colmeia e chillers para resfriamento do laser).

Fresadora de Precisão

A fresadora de precisão é uma máquina por comando numérico dotada de uma fresa em sua cabeça que se move sobre três eixos (X, Y e Z). A fresa desbasta o material, retirando parte dele segundo o desenho que lhe foi enviado. Existem diversos modelos e tamanhos de fresas, que devem ser alteradas de acordo com a finalidade do projeto, o material e a estratégia realizada para tal. Algumas fresas possuem funções mais básicas como desbastamento do material, enquanto outras são utilizadas ao final do processo para obter o acabamento fino. Algumas possuem pontas circulares, outras chatas ou de corte, as espessuras também se diferenciam. É muito importante o uso correto da fresa tanto para a manutenção da máquina quanto para o bom resultado do objeto que está sendo fresado.

Nos Fab Labs, estas máquinas possuem diversos usos mas os mais praticados são: fabricação de circuitos impressos (utilização de filmes de cobre sobre uma placa de fibra ou fenolite) e fabricação de moldes (fresa-se o material de molde que servirá por sua vez, para a realização do contramolde em silicone ou material similar). Estas duas utilizações são as mais frequentes, mas esta máquina pode também usinar madeira, espuma, dentre outros materiais.

Dois modelos são geralmente utilizados nos Fab Labs: a Roland Modela MDX-20 e sua irmã maior, a MDX-40. A diferença está basicamente no espaço de trabalho usinável. A MDX-40 dispõe também uma sonda que permite o escaneamento dos objetos depositados na superfície de trabalho. Este processo permite reproduzir os objetos sem passar pela fase de concepção assistida por computador[4]. Estas duas máquinas custam entre 9.000 e 15.000 reais[5].

O CBA, através de seu desejo de reduzir a barreira financeira à criação de Fab Labs, desenvolve um projeto de criação de máquinas não profissionais, o chamado "Machine that Make."[6] A MTM[7], por exemplo, é uma fresadora de precisão DIY (do it yourself), funcional, cujos planos (desenhos), lista de materiais e a lógica de utilização são open source e livres. Esta máquina é capaz de criar circuitos impressos e pode ser construída por aproximadamente 500 reais[8].

Roland Modelo MDX20, Roland Modelo MDX40 e MTM

Fresadora de Grande Formato

A fresadora de grande formato é dotada de uma cabeça de corte mais poderosa e é adequada à usinagem de materiais densos (madeira maciça ou composta) sobre grandes superfícies de trabalho (de um a mais de dois metros, geralmente). A maioria dos Fab Labs na Europa e EUA utiliza a marca ShopBot. No entanto, para este tipo de máquina existem bons fornecedores locais.

Falando especificamente da ShopBot, ela está disponível em duas versões: uma mais protegida, graças aos trilhos fechados; e outra um pouco mais barata sem trilhos de segurança. Ambas permitem usinar grandes superfícies de madeira para projetos de arquitetura, de carpintaria, etc.

O CBA-MIT já utilizou estas máquinas para projetos envolvendo habitações, respondendo a situações de crise como o furacão Katrina. Kits de casas de madeira foram fabricados unicamente a partir de máquinas ShopBot.

De maneira geral, as fresadoras de precisão custam entre 45.000 e 100.000 reais.[9]

A fresadora de grande formato é bastante visada por pessoas que querem construir sua própria máquina, os chamados makers, envolvidos no movimen-

---

4 Este processo é lento, necessita de um computador de grande poder de processamento gráfico e geralmente precisa ser refinado num software de impressão 3D, dependendo da complexidade da forma
5 Valores relativos ao início de 2013
6 Cf. mtm.cba.mit.edu
7 Cf. http://mtm.cba.mit.edu/machines/mtm_az/index.html
8 Valor relativo ao início de 2013
9 Valores relativos ao início de 2013

to DIY. Isto se dá pela construção não ser tão complicada, por existirem diversas páginas web na internet que disponibilizam a documentação e o "passo a passo" para construí-la e por suas peças serem fáceis de serem compradas. É também possível comprar kits para sua construção, como a BlueChick[10].

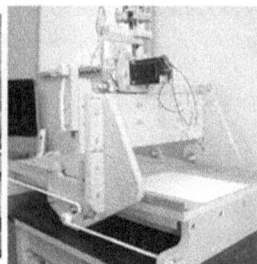

ShopBot e BlueChick

> **Dica**
>
> Na maioria dos Fab Labs visitados, a fresadora de grande formato é a única máquina cujo acesso ao público é bastante regulamentado. No Fab Lab Amsterdam, um Fab Manager deve, necessariamente, estar presente para que funcione. No Fab Lab EDP, de Portugal, o projeto deve ser analisado pelos managers antes de ser utilizada. Esta máquina é um dispositivo potencialmente perigoso, ela gera uma grande quantidade de pó e lascas de madeira. Alguns laboratórios dispõem também de uma sala individual fechada, em que o computador de comando fica isolado da máquina. Outro ponto bastante importante é que ela exige que o usuário trace uma estratégia de fresagem, onde serão definidos os caminhos (toolpaths) que a fresa irá realizar, os tipos de fresa a ser utilizados no projeto específico, sua velocidade, a quantidade de vezes que irá passar pelo mesmo ponto a fim de fazer o corte, dentre muitos outros detalhes. Por exigir uma estratégia de fabricação, esta máquina demanda um tempo maior de aprendizagem. Notadamente, os melhores trabalhos são aqueles em que o usuário tem muito claro o processo de corte. E, não é raro verificar nos Fab Labs, principalmente pelos usuários iniciantes, estratégias que inviabilizam um objeto simplesmente porque o usuário não previu o movimento exato da fresa durante o processo.

Impressora 3D

Ainda que as impressoras 3D sejam bastante populares nos Fab Labs, até o fim de 2011, a lista oficial de máquinas do CBA-MIT não fazia menção a elas. Neil Gershenfeld, em seu recente artigo "How to Make Almost Anything" para Foreign Affairs[11], explica sua reticência com este tipo de máquina. E comple-

---

10 Cf. http://buildyourcnc.com/DesktopCNCMachineKitblueChick.aspx
11 Cf. http://www.foreignaffairs.com/articles/138154/neil-gershenfeld/how-to-make-almost-anything

menta que as impressoras 3D comerciais mais queridas, como por exemplo, o modelo Dimension 1200es da Stratasys (aproximadamente 100.000 reais[12]) e similares, fazem uso de materiais extremamente caros e não adaptáveis ao uso coletivo. Ainda que o resultado seja perfeitamente assombroso, certas maquetes complexas podem levar mais de 20 horas de execução.

Nos Fab Labs pesquisados, os quais possuem impressoras 3D, as do tipo profissionais são majoritariamente utilizadas para fabricação de moldes que exigem precisão ou modelos finais. Já as não profissionais, largamente encontradas, são utilizadas como forma de experimentação e fabricação de protótipos ou moldes não precisos. Atualmente, apesar das considerações feitas por Neil Gershenfeld acerca da tecnologia de impressão 3D, o inventário de máquinas e componentes da rede recomenda a Replicator 2 da MakerBot.

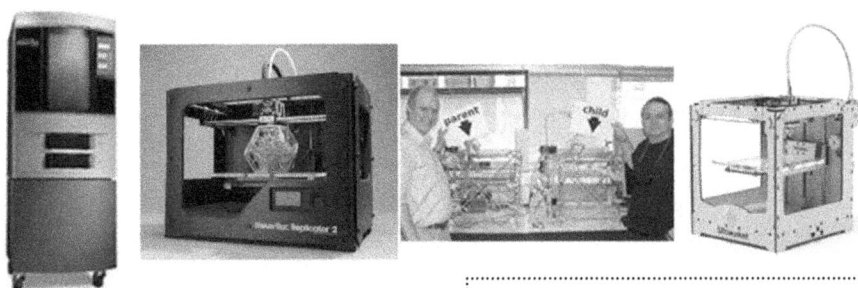

Dimension 1200es, Replicator2, RepRap e Ultimaker

Assim como as fresadoras, múltiplos projetos propõem impressoras 3D livres e open source. O mais conhecido é o RepRap Projetc[13], construção aberta e coletiva da primeira máquina de fabricação 3D de auto-replicação que, graças às numerosas iterações públicas por uma comunidade de apaixonados, realizaram e divulgaram a documentação de uma máquina barata (1.800,00 reais, aproximadamente). Pode-se dizer que o movimento RepRap foi o pai das impressoras 3D para uso doméstico pois, como disponibilizou o código de seu projeto, possibilitou a criação de muitas outras[14], dentre as quais os modelos da MakerBot, uma das empresas mais exitosas.

> **Dica**
>
> Um grande número de Fab Labs utilizam a RepRap como objeto pedagógico. As oficinas de alguns dias, cujo objetivo é pôr a mão na massa, permitem construir este tipo de máquina. A RepRap sendo capaz de imprimir certas peças que vão equipar outras RepRaps faz o custo ser muito baixo.

12 Valor relativo ao início de 2013
13 Cf. reprap.org
14 Cf. http://reprap.org/wiki/RepRap_Family_Tree - Através deste gráfico, pode-se observar a evolução temporal e técnica das impressoras 3D baseadas no modelo RepRap

Outra máquina muito utilizada na rede é a Ultimaker[15]. O projeto Ulti-maker surgiu no Protospace - Fab Lab Utrecht e é também uma máquina baseada nos códigos da RepRap. No entanto, desenvolveu caracterís-ticas próprias. Dentre elas, grande poder de precisão e rapidez. Além disso, esmera-se por criar uma comunidade atuante para discussão e manter o hardware aberto, premissas que a inserem diretamente nos princípios da rede Fab Lab.

A tabela abaixo propõe um resumo das cinco máquinas por comando numérico recomendadas pelo CBA-MIT para equipar um Fab Lab.

Máquina	Modelo sugerido pelo CBA-MIT	Valor (converti-dos para real)	É vendida no Brasil?
Cortadora de Vinil	GX-24 Roland	De 4.500 a 8.500 reais	Sim. A Roland Brasil comercializa esta máquina com preços espe-ciais para fins educacionais
Cortadora a Laser	Epilog Laser - Mini 24" x 12" 40W	De 30.000 a 90.000 reais, em função da po-tência do laser e área de trabalho	A marca Epilog é vendida somen-te sob importação. Temos outras similares no Brasil mas é necessá-rio pesquisar e entender um pouco sobre a qualidade e funcionamento do laser porque muitas máquinas vendidas no Brasil são de baixís-sima qualidade. Existem alguns fa-bricantes nacionais, mas também é necessário verificar o laser, sua procedência e os demais compo-nentes -chave da máquina
Fresadora de Precisão	MDX-20 Roland	De 9.000 a 15.000 reais	Sim. A Roland Brasil comercializa esta máquina com preços espe-ciais para fins educacionais
Fresadora de Grande Formato	Shop Bot: • Modelo 1 - Open Loop ShopBot: PRSstan-dard96 96x48x8in, 220V 4HP spindle, Router Bit Starter Kit: 195.00, E-Chain X96 Kit - Cable carrier system for 96"-axis PRS tools • Modelo 2 – Closed Loop ShopBot: Crtl Box 1 Spindle, HSD 4HP 220V spindle, Router Bit Starter Kit: 195.00	De 45.000 a 100.000 reais	Não existe revenda da ShopBot no Brasil, ela precisa ser importada. No entanto, é possível encontrar máquinas de boa qualidade no Brasil através de fornecedores lo-cais. Diferentemente da cortadora a laser, por sua fabricação envolver peças mais simples, as marcas na-cionais são boas opções

15 Cf. http://www.ultimaker.com/

Impressora 3D	Replicator 2 – Maker Bot	Aproximadamente 8.000 reais (não-profissional)	Ainda não é possível comprar qualquer máquina da MakerBot diretamente no Brasil, ela precisa ser importada. Temos aqui algumas similares mas há dois problemas: ou a impressora apresenta bom preço mas não tem a mesma qualidade, ou possui boa qualidade mas a um preço 30% mais alto.

Maquinário Complementar

Em função das especificidades e dos facilitadores, pode-se encontrar outros tipos de máquinas em um Fab Lab. Por exemplo, no Fab Lab Amsterdam encontramos máquinas de costura, no Fab Lab Barcelona uma máquina de bordar (também usada para bordados com linhas que conduzem eletricidade), enquanto o Fab Lab Groningen dispõe de máquinas para prototipar circuitos impressos. Estes equipamentos complementares são interessantes na medida em que o Fab Lab vai descobrindo sua "personalidade" e seu foco. Isto traz algumas necessidades em maquinário e equipamentos que devem ser adicionadas à lista básica disponibilizada pelo CBA-MIT.

Componentes Eletrônicos

Vamos descobrir dentro de um Fab Lab uma gama de eletrônica que vai desde microcontroladores, resistores, diodos até sensores de toda natureza. O aprendizado e prática da eletrônica é importante tanto no sentido de conhecer melhor a base da fabricação digital, quanto no sentido de utilizá-la nos projetos que na maioria da vezes pedem certa interação ou "inteligência". Como visto acima, no texto dedicado à descrição das máquinas de um Fab Lab, a fresadora de precisão auxilia nesta função, fresando placas de cobre que serão posteriormente soldadas e programadas. Também encontramos nos Fab Labs plataformas de prototipagem eletrônica do tipo Arduino[16] e seus diversos clones. Arduino é um circuito impresso open source sobre o qual se encontra um microcontrolador que pode ser programado para analisar e produzir sinais elétricos de maneira a realizar tarefas diversas como o controle de chips e sensores permitindo, por exemplo, o desenvolvimento de um cérebro de um robô, a gestão de iluminação etc. Inclusive, dentro do Fab Lab foi criada uma versão chamada Fabduino[17], a fim fabricar estas placas de maneira mais econômica, aprendendo e executando todas as fases do processo.

....
16 Cf. http://www.arduino.cc/
17 Cf. http://fabacademy.org/content/projects/barduino/index.html

Sistema de Videoconferência

De extrema importância é o sistema integrado de videoconferência que todos os Fab Labs devem possuir. Esta é a forma mais simples de comunicar-se com outros laboratórios, de sanar dúvidas sobre processos e participar de palestras e cursos online, como o Fab Academy[18]. Conceitualmente, o sistema de video-conferência é a janela que os laboratórios têm para a rede. Os laboratórios se conectam diariamente através de um canal dedicado que serve como um apoio, por exemplo, a situações onde usuários que estejam utilizando alguma máquina ou processo e tenham alguma dúvida. Caso ela não possa ser res-pondida localmente, o Fab Manager, tendo a visão geral das habilidades de cada laboratório, pode auxiliar na comunicação com outros Fab Labs, os quais poderão ajudar na resolução do problema via videoconferência. Esta não é a única forma de comunicação entre laboratórios. A troca de e-mails, conversas mais focadas por Skype ou Google Hangout, as visitas e a participação nos encontros anuais mundiais da rede são também de extrema importância para que as pessoas se conheçam e os laços entre os laboratórios se fortaleçam. O sistema de videoconferência atua, portanto, como a forma mais simples de ver o que os outros estão fazendo. Muitas vezes, pela simples observação da rotina de um outro laboratório se aprende muito. Muito interessante também a forma como alguns usuários se apropriam deste meio para compartilhar al-gum projeto que foi finalizado com êxito, mostrando em tempo real como ele se comporta. Estes pequenos detalhes fazem a rede se tornar mais unida e o conhecimento distribuído.

Tecnicamente, o sistema funciona através de uma unidade de controle multi-ponto[19] comandada pelo CBA-MIT. Cada Fab Lab possui equipamento e sof-tware dedicado ao mesmo, e existem diferentes canais, alguns abertos para este acesso diário e outros fechados para reuniões entre um número reduzido de Fab Labs, a fim de discutir algum projeto específico ou para cursos como o Fab Academy.

Demais acessórios e consumíveis

Resumimos abaixo alguns outros acessórios e consumíveis necessários para o bom funcionamento de um Fab Lab. Mas ressalta-se a importância em con-sultar o inventário completo, que contém detalhes sobre quantidade, modelos e marcas.

---

18 Maiores detalhes sobre o Fab Academy no capítulo 5 deste livro
19 Cf. http://video.cba.mit.edu/

Computadores	Para controlar as máquinas, trabalhar os arquivos e projetos
Softwares	• Open Source Software: Fab Modules - Kokompe, Inkscape, Blender, Gimp, Wings3d, Autodesk123D, entre outros. • Softwares Proprietários: Pacote Adobe, Rhinocerus, Rhino-CAM, Grasshopper, Google Sketchup, entre outros.
Materiais	MDF, acrílico, vinil, papelão, placa de cobre, adesivo de cobre, espuma, silicone, dentre outros
Material de segurança e outros	Óculos de segurança, aspiradores, extintor de incêndio, kit de primeiros socorros
Materiais de bancada de trabalho	Furadeira, parafusos, ferramentas diversas, plaina de madeira, dentre outros
Biblioteca	Pequena biblioteca com algumas obras gerais sobre fabricação digital, bricolagem, programação, eletrônica

Recursos Humanos

Em qualquer Fab Lab uma equipe-tipo se esboça. Esta equipe é muito importante e irá dar personalidade e vida ao laboratório, sendo responsável pela coordenação e realização das atividades. O número de pessoas para cada posição varia de acordo com o tamanho do laboratório, a quantidade de pessoas que recebe e suas atividades. Geralmente, o padrão é: 1 Diretor, 1 Fab Manager, 1 Guru e 3 Estagiários.

Alguns laboratórios possuem configurações diferentes, como o Protospace - Fab Lab Utrecht. Este laboratório possui 1 Diretor Geral, 1 Diretor Criativo, 1 Fab Manager, 1 Guru, 1 Fab Lab Manager Junior, 1 Communication Manager e 1 Office Manager (administração e finanças). O volume de pessoas atendidas, projetos e atividades deste laboratório é grande e justifica a equipe ampliada. Durante a pesquisa notou-se que este Fab Lab é um dos mais organizados no que tange à facilidade de uso, entendimento de processos e autonomia dos usuários, visto que todas as informações são claras e diretas e os novos usuários se adaptam rapidamente à dinâmica. Todos os processos são bem realizados, desde a discussão do projeto até a documentação, o que se concretiza através de uma boa recepção e encaminhamento inicial, fichas técnicas de explicação de uso das máquinas, formulários para preenchimento de uso de material e plataforma física e online facilitada para documentação.

Posição	Tarefas	Observações	Dedicação
Diretor	• planeja a estratégia do Fab Lab, os grandes eixos de ação • busca financiamento • busca parcerias	Em muitos Fab Labs, ele é, à mesma vez, diretor também da estrutura que financia o Fab Lab ou professor responsável na universidade	Não possui um horário fixo de trabalho pois geralmente se divide entre outras funções

Fab Manager	• gestão do laboratório • acolhida e mediação • contato com imprensa • organização do laboratório • responsabilidade pelo bom desenvolvimento das atividades • coordena a realização dos projetos com parceiros	O Fab Manager é muito importante, ele é o "homem que faz tudo" no Fab Lab. Interessante notar que muitas vezes os Fab Labs acabam se confundindo com a personalidade dos Fab Managers, por estes estarem no espaço o tempo todo e auxiliarem em todas as funções (veja quadro explicativo adiante)	40 horas semanais
Guru	• apoio em geral ao Fab Manager • assistência em todos os projetos • manutenção e reparo das máquinas • instrutor em cursos e workshops	O Guru é uma pessoa especialista e muito curiosa. Mas, dentro de um Fab Lab, especialista significa dizer que ele tem conhecimentos acerca de eletrônica, programação e fabricação digital	40 horas semanais
Estagiário	• auxilia o Fab Manager em tarefas correntes • acolhe o público • participa do laboratório segundo suas competências	Em alguns laboratórios eles recebem um salário ou bolsa de estudos, mas é muito comum encontrar voluntários que ali trabalham recebendo em troca a possibilidade de uso, o contato direto com a rede e o aprendizado dos processos	20 horas semanais

Esta equipe se completa às vezes com membros da estrutura que suporta o Fab Lab. No Fab Lab Amsterdam, uma pessoa dotada de um quarto de tempo se ocupa das tarefas administrativas ligadas ao Fab Lab e passa o resto do tempo na Waag Society, organização que apoia o Fab Lab Amsterdam. Nos Fab Labs dentro das universidades, são frequentes os professores, técnicos e alunos que disponibilizam tempo parcial para organização do laboratório. O Fab Lab LCCC (Lorain Country Community College) funciona unicamente com voluntários e neste laboratóiro, o Fab Manager é um professor aposentado, que é auxiliado pelos estudantes, nas atividades do espaço.

> **Profissão Fab Manager**
>
> O Fab Manager é a pessoa que faz tudo em um Fab Lab. Ele é responsável por acolher o público, por sua mediação, pela gestão, manutenção e reparo das máquinas, organização do laboratório, assistência aos usuários e coordenação da equipe. É ele também quem tem a visão geral sobre os softwares, hardwares, os processos que permitem utilizar um Fab Lab, customizando-os de acordo com a comunidade local para o melhor

uso do laboratório e êxito dos projetos. Ele também auxilia o Diretor na proposta de atividades e executa parcerias. Os primeiros Fab Labs se apoiaram sobre as competências dos estudantes do MIT e estes são considerados os primeiros Fab Managers. Eles, inicialmente, iam até os diferentes países, passavam alguns meses ali e treinavam a equipe local para que esta pudesse continuar a função independentemente. Com o desenvolvimento da rede ao redor do mundo, este trabalho começou a ficar inviável e os Fab Managers locais começaram a aparecer. A auto-formação, o reparo das máquinas, a revisão e a gestão dos processos se obtinha por tentativas, delineando o perfil desta profissão: pessoas polivalentes e ativas. Para auxiliar em sua formação e respaldar algumas atividades, passou-se a indicar o Fab Academy[20] como um curso preparatório para os Fab Managers e também para os Gurus. Ainda assim, pelas atividades realizadas por um Fab Manager serem muito amplas, é necessário que se encontre o perfil certo de pessoa para esta função, a fim de que o Fab Lab caminhe de maneira estruturada e realmente conectada.

Valor do Investimento

Para criar um Fab Lab, o investimento inicial em máquinas, componentes e acessórios é por volta de 300.000 reais. Este valor compreende a integralidade do inventário proposto pelo CBA-MIT. Deve-se adicionar um valor para treinamento da equipe e manutenção mensal do Fab Lab. Estes gastos variam bastante segundo a cidade e o modelo do Fab Lab mas pode-se dizer que estes itens chegam a dobrar o valor inicial, em alguns casos, durante o primeiro ano.

Importante ressaltar que tanto o valor inicial quanto os custos de capacitação e manutenção mensal variam também de acordo com o modelo de Fab Lab. Os Fab Labs profissionais, por exemplo, exigem máquinas mais precisas e profissionais especializados para auxiliar nas dúvidas técnicas, reserva extra de material, dentre outros pontos. Já o Fab Lab Social tende a possuir máquinas menores, fáceis de serem transportadas, o que pode reduzir o valor, em alguns casos. Portanto, pode-se dizer que, dependendo do modelo de Fab Lab e do conhecimento técnico do comprador, fornecedores e processos, este valor inicial pode sofrer uma variação de 30% para menos ou para mais.

Aqui estão exemplos de valores[21] de investimentos iniciais em alguns laboratórios da rede. Estes valores integram:

• A eventual compra/locação/reforma de um espaço
• A compra das máquinas e outros materiais
• As taxas do primeiro ano (salário da equipe, reparo das máquinas, eletricidade, internet, aquecimento, água, luz, materiais e consumíveis básicos)

20 Curso online da rede, ministrado pelo próprio Neil Gershenfeld. Maiores detalhes no capitulo 5 deste livro
21 Valores referentes ao primeiro semestre de 2011

Barcelona	Manchester	Groningen	Cape Town
500.000 reais	360.000 reais	600.000 reais	360.000 reais

Modelo Econômico

As discussões acerca dos diferentes modelos econômicos permitiram-nos identificar algumas maneiras de criação de um Fab Lab, as quais são discutidas na sequência.

Uma organização financia o Fab Lab

No primeiro caso, uma organização (pública ou privada – universidade, empresa, museu, dentre outros) assegura a integralização do suporte. O financiamento às vezes é indireto. Por exemplo, uma universidade oferece máquinas já existentes, espaço, pagamento das pessoas que irão gerir o Fab Lab ou mesmo a compra de novas máquinas (é o caso do Fab Lab Barcelona cujas máquinas já faziam parte do IaaC, organização que o sedia). Outras vezes o investimento é direto, como é o caso do EDP Fab Lab de Lisboa, integralmente financiado pela empresa EDP (Eletricidade de Portugal) e os ainda em planejamento FABLAB Cité des Sciences et de l'Industrie em Paris e o MUSE Fab Lab em Trento, ambos financiados por museus de ciência e indústria.

> **Uma rede nacional de Fab Labs nos EUA e apoio aos laboratórios na França**
>
> Recentemente, duas iniciativas vêm abrindo espaço para a criação de uma rede público-privada de Fab Labs nacionais. Tanto o governo dos EUA quanto o da França têm percebido o valor e as possibilidade do projeto propondo apoio a um maior número de laboratórios em seus países.
>
> Nos EUA, em 20 de março de 2013, o deputado Bill Foster introduziu o "National Fab Lab Act", que criaria uma carta federal para uma organização sem fins lucrativos chamada "The National Fab Lab Network"[22] (NFLN). NFLN agiria como uma parceria público-privada cujo objetivo seria fornecer o acesso da comunidade a ferramentas de fabricação avançadas para a aprendizagem de competências, o desenvolvimento de invenções, criação de empresas e produção de produtos personalizados. Na França, o governo lançou uma proposta de apoio a laboratórios de fabricação digital do tipo Fab Lab[23]. Em forma de chamada de propostas, o projeto visa apoiar Fab Labs já existentes e aqueles a serem criados, no intuito de capacitá-los a fazer os investimentos desenvolverem seus negócios e aumentar seu impacto sobre o público em geral e empresas. O objetivo é que estes atores tenham uma melhor visibilidade e seu valor reconhecido, especialmente entre a comunidade

22 Cf. http://www.gpo.gov/fdsys/pkg/BILLS-113hr1289ih/pdf/BILLS-113hr1289ih.pdf
23 Cf. http://www.dgcis.gouv.fr/secteurs-professionnels/economie-numerique/aide-au-developpement-des-ateliers-fabrication-numerique

Nos casos em que uma organização financia um Fab Lab, a comunidade de usuários é, ao menos nos primeiros meses, muito ligada a estas organizações. Ou seja, se uma universidade financiou um Fab Lab, os primeiros usuários certamente serão os estudantes e professores, os quais utilizarão o laboratório e se familiarizarão com a rede. Mas, o processo não deve finalizar neste ponto. Os Fab Labs devem ultrapassar esta fase de maneira breve e abrir suas portas a diferentes usuários, a fim de aportar novas competências e saberes. Por exemplo, na Holanda, o concurso Open Design Contest[24] foi concebido para que todos conhecessem melhor os Fab Labs holandeses, buscando a abertura para além da comunidade de usuários.

O Fab Lab SP

No Brasil, o primeiro laboratório associado à rede, o Fab Lab SP, segue este modelo de financiamento pela universidade. A Faculdade de Arquitetura, Urbanismo e Design da Universidade de São Paulo (USP) comprou as máquinas e cedeu o espaço para que o Fab Lab se instalasse. Sob a coordenação do Prof. Paulo Eduardo Fonseca de Campos, o grupo de estudos Digi-Fab foi o responsável pela criação e manutenção do laboratório nos primeiros meses de funcionamento e o coordena até hoje. Durante o primeiro ano de funcionamento o laboratório recebeu muitos estudantes e comunidade em geral em workshops abertos e gratuitos realizados através de projetos de extensão. A próxima etapa será abrir mais suas portas através da estruturação de uma página web informativa, criaçñao de jornadas Open Lab (dias abertos à comunidade) e da parceria com profissionais de design, engenharia, arquitetura e artes; permitindo a estes que utilizem o espaço durante um tempo determinado por projeto. O Fab Lab SP, por estar dentro da USP não permite que os usuários paguem pelo uso. A contrapartida é sempre o auxílio em workshops, a apresentação e documentação de seus projetos ou mesmo o auxílio na instrução de novos usuários. Ou seja, no Fab Lab SP a moeda de pagamento é o conhecimento e a vontade de colaborar.

Um Fab Lab "bottom up"

Em alguns casos, um grupo de pessoas está interessado em abrir um Fab Lab mas não possui uma organização de suporte para tal. Geralmente, este grupo está conectado com o movimento maker e DIY e são engenheiros, designers, artistas, hackers ou entusiastas; pessoas que já possuem intimidade com este tipo de tecnologia. Este grupo de pessoas começa, então, a produzir ou adaptar suas próprias máquinas de comando numérico, encontra um es-

---

24 Cf. http://opendesigncontest.org/

paço emprestado ou a um valor bastante baixo, e são eles mesmos que irão gerir o Fab Lab. Na Holanda existe um movimento intitulado Grassroots Fab Lab[25] que reúne grupos interessados em criar um espaço do tipo Fab Lab mas que não possuem o investimento total para tanto. Este grupo divulga maneiras alternativas de se abrir um Fab Lab, faz alguns encontros e estão conectados à rede mundial.

Muito interessante também é o movimento de alguns Fab Labs franceses e italianos que se formaram como uma associação de pessoas e, através da ajuda dos membros (que se associam via pagamento de uma mensalidade) estão concretizando o projeto. O processo nestes casos é mais lento e depende das oportunidades que este grupo encontra. Alguns, por realizarem atividades de interesse para a comunidade, acabaram sendo incubados dentro de centros culturais ou museus. É o caso do Fab Lab Lyon - Fabrique d´Objets Libres[26], que hoje funciona em uma sede inicial com uma estrutura reduzida (impressora 3D, componentes eletrônicos, fresadora de precisão[27]), e que possui um braço adicional dentro de um centro cultural, o qual lhes ofereceu espaço e comprou uma cortadora a laser. Este Fab Lab vem demonstrando grande poder de conexão com a comunidade e inovação através de workshops criativos para um público bem diferenciado.

> **O Artilect - Fab Lab Toulouse**
>
> Este Fab Lab igualmente surgiu através da constituição de uma associação por apaixonados de eletrônica e robótica, os quais criaram a associação Artilect. Eles iniciaram as atividades de construção de suas máquinas dentro de uma sala emprestada por uma universidade e, logo depois, passaram a pertencer à rede, sendo este o primeiro Fab Lab francês. Hoje ele é um espaço aberto e acolhe um público novo e grande. Recentemente, este laboratório francês recebeu o apoio da empresa AirBus, a qual cedeu-lhes um imenso hangar e apoio financeiro. Em troca, a AirBus usa o espaço para criação de protótipos e para ficar mais próxima dos criativos, os quais lhes aportam ideias inovadoras.

Os modelos econômicos emergentes

A questão dos modelos econômicos dentro da rede é recorrente. Como não existe uma resposta concreta e única sobre o tema, cada Fab Lab precisa, de alguma maneira, criar o seu próprio modelo. Os relatos e modelos dos laboratórios mais experientes ajudam sobremaneira e, estas informações são sempre compartilhadas. Mas, cada país ou cada cidade possui suas especificidades, o que exige um trabalho extra de criatividade, conhecimento da rede,

25 Cf. http://www.fablabamersfoort.nl/downloads/fablab-instructable.pdf
26 Cf. http://www.fablab-lyon.fr/
27 A fresadora de grande formato é utilizada em parceria com um outra oficina de madeira que funciona no mesmo espaço onde a sede do Fab Lab Lyon está instalada

apoio de pessoas experientes, boas parcerias e uma gestão estruturada.

As discussões com membros de equipe de diversos Fab Labs nos apontaram que a sustentabilidade financeira completa, pelo menos nos três primeiros anos, não é possível; sendo bem vinda uma subvenção durante este tempo inicial. Isto se dá pelo fato do Fab Lab ser um modelo ainda pouco conhecido, bem como a tecnologia que ele utiliza, necessitando de mais tempo para que se fortaleça e encontre a gama de serviços perfeita para uma comunidade específica. Com relação aos serviços oferecidos por cada um dos Fab Labs, os quais podem gerar receita, o que se nota é que não existe uma direção única , mas uma mescla delas, as quais se baseiam em cobrança de horas de uso de máquinas e ampliação da renda com workshops, cursos e atividades programadas. Soma-se a isto, o fato dos Fab Labs possuírem dias em que a comunidade de usuários não paga pelo uso das máquinas (ou paga um valor reduzido), o que faz parte dos princípios da rede e é apoiada fortemente pelos Fab Managers, que entendem o papel que o Fab Lab tem na democratização da tecnologia; o que prejudica de certa maneira o fechamento das contas.

Dois modelos alternativos: Protospace - Fab Lab Utrecht e Garagem Fab Lab

O Protospace / Fab Lab Utrecht é uma iniciativa conjunta da prefeitura e indústrias da cidade de Utrecht. Ele possui um modelo econômico misto. Apesar de ter sido financiado pelos órgãos acima citados, possui a missão de se sustentar economicamente depois dos dois primeiros anos de apoio. Ele situa-se na zona industrial da cidade de Utrecht e está totalmente conectado com startups, empresas da região e estudantes de universidades da cidade. Sua agenda está dividida entre Open Lab Days e dias regulares de uso do laboratório. Durante os Open Lab Days todos os usuários são obrigados a documentar seus projetos em uma plataforma criada pelo próprio Protospace - Fab Lab Utrecht, chamada Fab Moments[28] (existe um totem com um computador para tal na saída do espaço, o que auxilia este processo). A receita deste laboratório provém de pagamento por uso de máquinas, cursos, aluguel de todo o Fab Lab por empresas que desejam desenvolver projetos, e também da parceria com empresas que foram incubadas por este Fab Lab, como é o caso da Ultimaker, já comentado neste livro.

Já o Garagem Fab Lab, segundo laboratório da rede no Brasil, situa-se no centro de São Paulo e possui um modelo baseado em um kit de máquinas que segue o inventário do CBA-MIT, mas com a característica de serem móveis, para utilização em atividades também fora do laboratório. Este novo espaço (foi aberto em junho de 2013) atua nos seguintes eixos de ação: Workshops (cursos e wokshops nos mais variados temas), Fab Lab Kids (oficinas para crianças e jovens); Make Innovation (desenvolvimento de processo inovadores via estratégias "hands on" e kits de máquinas e acessórios, direcionado a empresas) e Open Lab Days (dias totalmente abertos e gratuitos à comunidade). Ele foi criado por pessoas que acreditam no conceito da rede Fab Lab e, por ser uma experiência

28 Cf. http://www.protospace.nl/fabmoments

independente, precisa buscar sua sustentabilidade financeira. Para tal, sua receita não provém de uma troca direta entre um público que paga pelo uso das máquinas. O modelo é mais complexo e a receita vem de diferentes lugares: parcerias com empresas, participação em editais de órgãos públicos, além das atividades pagas.

A maioria dos Fab Labs mesclam estes diferentes recursos: financiamentos públicos (municipal, estadual, nacional, provenientes de editais) e privados (parceiros, trabalho coletivo, apoio). Neste sentido, constata-se dois blocos de serviço com destaque:

• Uma oferta de serviços que compreende a locação do espaço e/ou das máquinas, oferecendo ainda conselhos personalizados de um Fab Manager ou Guru, a fim de auxiliar a realização dos projetos. O Fab Lab Manchester se apoia sobre este modelo por estar direcionado a empresas e startups, auxiliando-os no processo de inovação

• A formação é outro serviço que observa-se dentro destes laboratórios. Ela baseia-se tanto em formação elementar (como o uso das máquinas e eletrônica básica), como em cursos mais específicos e aprofundados (temas específicos, aprendizagem sob medida, Fab Academy, Fab Lab Kids, dentre outros)

CAPÍTULO.4

Projetos

Tipologia

Diferentemente de uma grande fábrica que trabalha baseada em produção em grande escala, um Fab Lab é um centro de produção personalizado ou de produção em pequena escala, atividade esta que não deve entrar em conflito com outras atividades também importantes em um Fab Lab, que nomeadamente são: função educacional e de pesquisa e compromisso social com impacto local. Esta afirmação está baseada tanto na Fab Charter como em relatos de Fab Managers, dentre eles Tomas Diez, do Fab Lab Barcelona. Segundo Tomas, um Fab Lab pode crescer e possuir máquinas dedicadas à produção em série, desde que não perca seu compromisso com as atividades de formação e impacto social.

Para tanto, e através das diferentes visitas nos Fab Labs, traçamos uma tipologia dos projetos realizados. Esta tipologia mostra a diversidade de uso dos Fab Labs e um caminho de como este espaço pode auxiliar diferentes indivíduos e empresas que optarem por modelos de negócios alternativos à grande escala e/ou que queiram utilizar o poder da rede para projetos colaborativos.

Para melhor entendimento das diversas maneiras de se trabalhar em um Fab Lab, categorizou-se as tipologias em duas diferentes modalidades:

A primeira diz respeito a um indivíduo ou empresa que utiliza o Fab Lab para realização de seu projeto, fazendo uso dos benefícios de estar conectado a um rede mundial, mas trabalhando de maneira mais individual; o que chamamos de "Fabricação Pessoal e em Pequena Escala".

A segunda categoria diz respeito a projetos totalmente em rede, envolvendo mais de um Fab Lab, criando assim a possibilidade de um ecossistema de produção colaborativa, utilizando estratégias baseadas em modelos de negócios inovadores e abertos, tais como o open design[1], produção distribuída, licenças abertas e compartilhadas com resultados e benefícios aparentes para todos os envolvidos. Estamos chamando esta categoria de "Fabricação Colaborativa".

Veja abaixo o quadro explicativo:

Modalidade	Tipo	Objetivo
Fabricação Pessoal e em Pequena Escala	Prototipagem, prova de conceito	• testar uma ideia ou um conceito • conceber um primeiro protótipo ou uma prova de conceito • produzir uma primeira versão funcional
Fabricação Pessoal e em Pequena Escala	Pequena série, produtos para mercado de nicho, fabricação por demanda	• dar continuidade a fase de prototipagem • testar um mercado local através de algumas peças • fabricar uma pequena serie para mercados de nicho • produzir por demanda • customizar objetos de maneira extremamente personalizados
Fabricação Pessoal e em Pequena Escala	Projeto único	• Projetos artísticos • Projetos acadêmicos de estudantes • Projetos realizados para uso próprio (por amadores ou entusiastas, geralmente) • Reparos em geral
Fabricação Colaborativa	Projetos entre Fab Labs	• Prtótipos ou pequena escala • fabricação distribuída • criação colaborativa (co-design ou open design) • utilização da capacidade e poder da rede • compartilhamento de conhecimento • possibilidade de produção de projetos mais audaciosos envolvendo habilidades e equipe multidisciplinar • rapidez na finalização • maior poder de inovação

....
1 Processo de design baseado em co-criação, conhecimento compartilhado, produção distribuída e licença aberta

Prototipagem, prova de conceito

Incluímos aqui alguns exemplos de projetos cuja expectativa inicial foi a criação de protótipos. Porém, em alguns casos, perceberá que a fronteira entre esta expectativa e a possibilidade de passagem a um mercado de nicho ou produção sob demanda é bastante tênue.

Scottie

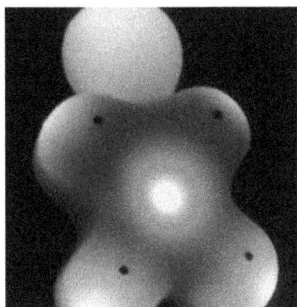

Scottie é um pequeno dispositivo que foi desenhado no Fab Lab Amsterdam para dar suporte emocional a crianças hospitalizadas por um longo período. É um brinquedo que permite às crianças, comunicarem suas expressões e sentimentos de uma forma não-verbal, utilizando luzes do tipo LED.

http://fablab.waag.org/content/scottie-casting

Fab Lab House

Construída através da parceria entre IaaC e Fab Lab Barcelona, a Fab Lab House é um projeto de uma habitação que atende aos quesitos eficiência energética e sustentabilidade. Totalmente construída através de processos de fabricação digital, seus painéis são padronizados e capaz de gerar até três vezes a energia que consome.

http://www.fablabhouse.com/

Doorstep Climber

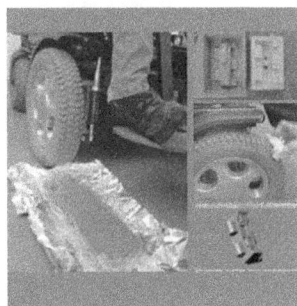

Eric, o inventor da ideia utiliza uma cadeira de rodas há muitos anos. Apesar de muitos lugares públicos na Holanda oferecerem fácil acesso aos cadeirantes, outros ainda permanecem (literalmente) de difícil acesso. Com isso em mente, Eric começou a trabalhar em um sistema que lhe desse maior autonomia. O projeto tem como objetivo fabricar um anexo para a cadeira, o qual lhe permitirá passar por cima dos obstáculos mais comuns, como portas e calçadas.

http://fablab.waag.org/project/doorstep-climber

http://fablab.waag.org/search/node/doorstep%20climber

Pequena série, produtos para mercado de nicho

Fab Labs apresentam inúmeros projetos cujas práticas industriais tradicionais não são capazes de resolver. Estes podem ser desenhos ou objetos muito específicos que têm sido projetados para mercados muito pequenos.

Smart Citizen

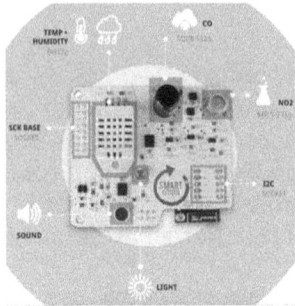

Smart Citizen é uma plataforma para gerar processos participativos das pessoas nas cidades. Conectando dados, pessoas e conhecimento, o objetivo da plataforma é servir como nó produtivo para a geração de indicadores abertos e ferramentas distribuídas, e a partir de ai a construção coletiva das cidades por seus próprios habitantes. Este projeto foi criado por Tomas Diez no Fab Lab Barcelona e financiado crowdfunding.

http://goteo.org/project/smart-citizen-sensores-ciudadanos

Flatpack Walker

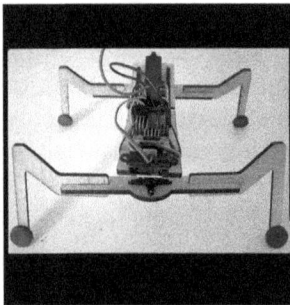

Edwin Dertien, um estudante de robótica da Universidade de Delft, é o criador deste projeto: um robô capaz de mudar de rumo em resposta à obstruções. A primeira versão, construída na sua garagem, teve um percurso demorado. Mas, no Fab Lab foi capaz de criar uma segunda versão com a ajuda da comunidade, mais eficaz e com progressos mais rápidos. Além disto, por ter documentado e distribuído na rede seu projeto, despertou o interesse de um produtor de kits de brinquedos, o qual duas semanas após ter visto a documentação, passou a comercializar o seu robô, alterando assim sua intenção inicial de ser somente um protótipo e passando a ocupar a posição de um projeto para mercado de nicho.

https://vimeo.com/9677277
http://www.youtube.com/watch?v=4J_ajSEh-fg

Fendor Bendor

Olaf Wit é designer industrial e utilizou o Fab Lab para construir o protótipo e uma pequena série de seu produto chamado Fendor Bendor, o qual hoje é vendido em uma loja online e também em lojas especializadas. Seu produto é um pára-choque traseiro rebatível para diversos tipos de bicicletas.
http://www.witindustries.nl/index.php?/products/fen-dor-ben-dor/H

Projeto único

Makers, designers e entusiastas geralmente vem ao Fab Lab construir projetos que atendam a necessidades pessoais. Estes projetos únicos também podem ser trabalhos de artistas, cuja finalidade não é a reprodução mas somente uma peca única.

Mesa Pentrix

Série de mesas para a exposição final de trabalhos de alunos do IaaC, esta mesa fabricada pelo Fab Lab Barcelona com a ajuda de designers, baseia-se numa composição formada por pentágonos irregulares (parte superior de cada tabela) que descansam em três pontos. Esta composição é rica em número de agrupamentos possíveis. Geometricamente é um exercício em que um pentágono é construído com base em triangulações com os pontos de apoio. Os planos que formam essas triangulações são o suporte, sem necessidade de qualquer estrutura extra.
http://fablabbcn.org/2012/06/la-mesa-pentrix/

Fab Foo

Projeto do Fab Lab Amsterdam, por Alex Schaub. Trata-se de um pebolim totalmente construído no laboratório. É um projeto com viés educacional pois, pois utiliza diferentes processos de produção. A inspiração para algumas peças deste projeto veio da Bauhaus, mais especificamente das figuras do 'Triadic Ballet' de Schlemmer. Todo o projeto está documentado e pode facilmente ser reproduzido em qualquer outro Fab Lab do mun-

do. Ele encontra-se no Fab Lab Amsterdam.
http://fablab.waag.org/project/fab-foos/documentation/3145

3D Bass Guitar

Seguindo os mesmos princípios de produção de um objeto totalmente acabado através de processos acessíveis em um Fab Lab, a 3D Bass Guitar foi fabricada a partir do zero e todos as etapas foram realizadas dentro do laboratório.
http://fablab.waag.org/project/3d-bass-guitar

Projetos entre Fab Labs

Vários projetos utilizam o poder da rede global para sua realização. Equipes multidisciplinares, parceiros financeiros e Gurus de diversos Fab Labs se reúnem para um propósito comum. Geralmente, estes se tornam projetos emblemáticos e muito conhecidos em toda a rede.

Layer Chair

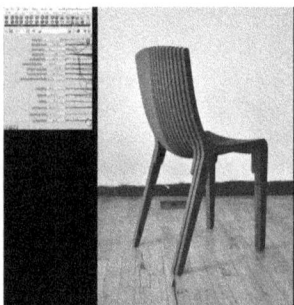

Criada por Jens Dyvik, designer norueguês, esta cadeira segue os princípios do open design, ou seja, está totalmente documentada e seu arquivo disponível para download. Ela foi inicialmente criada no HONFablab Indonésia e fabricada em diversos Fab Labs da rede. Jens passou dois anos percorrendo diversos Fab Labs, compartilhando sua experiência através de workshops e fabricação de objetos. A Layer Chair, um de seus produtos mais conhecidos, utiliza uma prancha de MDF de 18mm, é cortada na fresadora e passa posteriormente por processos de colagem e acabamento. Ela foi originalmente desenhada com o intuito de testar as possibilidades de máquinas de grande formato como a ShopBot. Além disto, por ser paramétrica, recebe a entrada de dados que permite sua customização e sua posterior saída através de um sistema de curvas que serão fresadas.

http://www.dyvikdesign.com/site/portfolio-jens/the-layer-chair-amsterdam-edition.html

Fab Fi

Fab Fi é uma antena construída a partir de materiais de recuperação e uso de corrente eletrônica que pode ser fabricada por comunidades rurais remotas para construção de sua própria internet. Ela foi inventada no Center for Bits and Atoms do MIT e primeiramente implantada no Afeganistão através do Fab Lab Jalalabad. Ela possui estrutura de madeira e metal, tecidos, cordas e latas, além da parte de eletrônica. O preço médio para construção de uma antena é de 70 dólares. As técnicas utilizadas são o corte a laser, processos de eletrônica e programação.
http://fabfi.fablab.af/

Low Cost Prosthesis

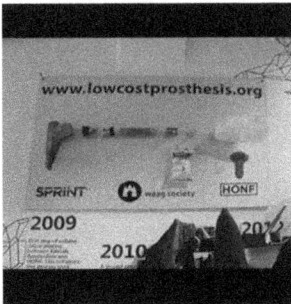

O projeto Low Cost Prosthesis visa o desenvolvimento de uma prótese da perna com custos de produção em torno de 100 euros. Uma causa importante porque os custos de uma prótese são muitas vezes elevados. Este é um projeto que reúne Fab Lab Amsterdam, Waag Society, HONF - Indonesia e Sprint. É um projeto em andamento e foi pensado, principalmente, para ser viável em países que estejam sofrendo processos de guerras como Camboja, Irã e Afeganistão, bem como nos países em desenvolvimento, em que doenças como diabetes, gangrena e infecção levam numerosos pacientes à amputação.
http://www.lowcostprosthesis.org/

Fabduino

Uma placa microcontroladora similar ao Arduino e que seja 100% fabricada através de processos utilizados nos Fab Labs vem sendo desenvolvida. A ideia é que fabriquem estes "arduinos" através de um sistema de fresagem de placas de cobre, soldagem de componentes e programação. Muitos Fab Labs estão envolvidos e já utilizando as placas em seus projetos. Interessante ressaltar a grande colaboração existente na rede em todas as etapas, desde o compartilhamento de informações sobre como melhorar o próprio desenho, como evitar erros e possíveis customizações. Este projeto foi iniciado através das aulas do Fab Academy, mas hoje faz parte da rotina de muitos Fab Labs.

http://fab.cba.mit.edu/content/projects/fabkit/
http://www.instructables.com/id/Make-a-Fabduino/
http://fabacademy.org/content/projects/barduino/index.html

Documentação e Publicação de Projetos

A documentação de projetos é de extrema importância para o compartilhamento do conhecimento e fortalecimento da comunidade, a fim de que o Fab Lab não se transforme em um espaço de prototipagem rápida "self service", mas sim que leve adiante seus princípios educacionais e de democratização do conhecimento.

A realização desta documentação e sua posterior publicação é uma atividade bastante aceita na rede e tem seu ápice durante os Open Lab Days. Por estes serem dias de acesso gratuito, o mesmo está condicionado à publicação de documentos relativos aos projetos desenvolvidos sob licença livre do tipo Creative Commons ou similar. Os usuários, portanto, que utilizam os laboratórios durante os Open Lab Days necessitam disponibilizar uma documentação completa de seu projeto, o que inclui uma descrição dos processos, dificuldades, descoberta de técnicas, fotografia, vídeos e os próprios arquivos em formato aberto.

Durante os dias fechados não há obrigatoriedade, mas uma preferência pela informação aberta. Os Fab Labs prezam pela escolha do usuário, que muitas vezes acaba por descobrir dentro dos Fab Labs os benefícios que a documentação e a abertura das informações pode trazer para si mesmo.

Os Fab Labs holandeses e, atualmente também o Fab Lab Manchester, dispõem de uma plataforma de documentação chamada Fab Moments. Através desta plataforma, os usuários encontram uma forma facilitada de descrever seus projetos, publicar fotos, arquivos e comentar dificuldades. Os Fab Labs que adotam o Fab Moments possuem um espaço físico equipado com computador e câmera fotográfica, a fim de que os usuários ao final do processo possam documentar o projeto. Este aparato funciona de maneira eficiente, pois o processo de documentação não é simples e rápido. Ele exige certo esforço para uma descrição detalhada das etapas, inclusão dos nomes dos participantes do projeto ou das pessoas que auxiliaram de alguma maneira, além da realização das fotos e vídeos. É importante que os usuários realizem a documentação enquanto ainda estão dentro dos laboratórios porque a sua procrastinação pode levar a não realização, por diversos motivos. Este é um papel importante que o Fab Manager tem dentro do Fab Lab, incentivando esta prática e mostrando aos usuários seus benefícios.

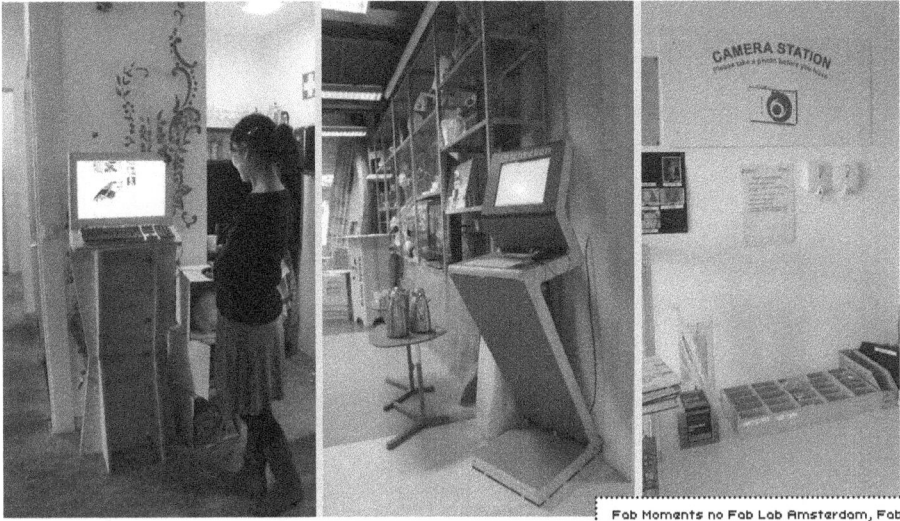

Fab Moments no Fab Lab Amsterdam, Fab Lab Utrecht e Fab Lab Manchester

CAPÍTULO.5

Educação

Aprender por pares

Educação dentro de Fab Lab é algo tratado com a mesma estratégia das outras áreas: horizontalmente e baseado no conceito de "hands on" (mão na massa). A explicação, em termos mais formais, é que a educação em Fab Lab, em qualquer um dos seus cursos e workshops é baseada em "peer-to-peer learning, ou seja, uma prática educacional onde os estudantes interagem com outros estudantes para atingir os objetivos do aprendizado. A figura do professor não existe, mas sim a de Gurus que auxiliam os alunos a atingir sua metas e a compreender esta nova forma de educação.

Este ambiente permite que qualquer pessoa, com ou sem formação técnica, aprenda e tenha espaço para experimentar e, sempre que possível, faça com que sua imaginação seja tangível. Este fato vai ao encontro também de outras aspirações do laboratório, as quais se baseiam na ausência de hierarquia entre profissionais e amadores, e entre projetos de alta dimensão tecnológica/teórica e os práticos/experimentais.

Dentre os projetos educacionais encontrados, destacam-se diversos tipos de workshops, cursos, o projeto direcionado a crianças e jovens chamado Fab Lab Kids, além do Fab Academy. Cada um deles direcionado para um tipo diferente de público e habilidades, mas todos baseados em peer-to-peer learning.

Cursos e workshops

Todos os Fab Labs da rede oferecem cursos e workshops nos mais variados temas que compõem o tripé fabricação digital – eletrônica - programação. A formação é a base de qualquer Fab Lab e o que o diferencia de outros makerspaces, bem como sua imensa rede de compartilhamento.

Dentre os cursos encontrados, existem os mais tradicionais, direcionados a fazer com que o usuário esteja habilitado a trabalhar com as máquinas e processos do laboratório, até os mais direcionados a um público específico como o de construção de máquinas do tipo Rep Rap.

O Fab Lab Helsinki, por exemplo, possui um curso semestral bem estruturado chamado "Digital Fabrication Studio", coordenado e ministrado por Massimo Menichinelli, o qual facilita ao usuário a compreensão e a utilização de máquinas e processos. Durante este curso, os usuários participam de workshops sobre como trabalhar com máquinas de corte a laser, cortadoras de vinil, fresadoras grandes e de precisão e impressoras 3D, passando por processos como fabricação digital de moldes, escaneamento e chegando na parte mais conceitual que engloba gestão de informação, sistemas "version control", propriedade intelectual e open design. As aulas encontram-se todas disponíveis na internet[1] e podem ser consultadas.

Outros workshops podem ser citados, como a extensa lista do Fab Lab Amsterdam que engloba desde os cursos básicos de como trabalhar com as máquinas do Fab Lab (Meet the Fab Lab Project), passando pelo projeto Makers Guild (workshops conectando habilidades artesanais, fabricação pessoal digital e biotecnologia) e chegando até os mais transdisciplinares como o "Do It Together Bio" que conecta as atividades do campo da biotecnologia e a relação entre design, arte e ciência com a metodologia do Fab Lab[2].

Fab Lab Kids

Os cursos direcionados a crianças e jovens nos Fab Labs são chamados geralmente de Fab Lab Kids. Alguns laboratórios possuem programas muito específicos que recebem nomes diferentes, como é o caso do laboratório de Stanford, coordenado pelo Prof. Paulo Blikstein que dirige o programa FabLab@ School. Cada um deles possui metodologias que se diferem em certos pontos, mas todos seguem a linha do aprender fazendo. Estes cursos permitem aos participantes conhecer o espaço físico e processos de um Fab Lab, ao mesmo tempo em que descobrem temas relacionados à fabricação digital através da prática. Os fatores fundamentais nas aulas são criatividade, tecnologia e empreendedorismo. E estes temas são alcançados através das diferentes atividades propostas que podem ser, por exemplo, a fabricação de seus próprios skates ou robôs, programação de jogos para vídeo games, impressão de brinquedos, entre outros. Os laboratórios trabalham sempre com questões sociais e processos contemporâneos que refletem o mundo dos participantes, o que muitas vezes não está ainda incorporado ao ensino educacional tradicional.

Muitos Fab Labs pelo mundo disponibilizam este programa e ele é sempre um dos workshops de maior sucesso. O que a maioria dos Fab Managers relata é que as crianças e jovens têm sede por fabricar e executar o que estão pensando, gostam de colocar a mão na massa e dar vida às suas ideias.

....
1 Cf. http://www.slideshare.net/openp2pdesign
2 Cf. http://waag.org/en/project

Fab Lab Costa Rica

O projeto Lutec - Fab Lab Costa Rica busca levar o incentivo à criatividade, a imaginação, aos instrumentos de inovação tecnológica e a paixão por aprender a um numeroso grupo de crianças e adolescentes. O programa nasceu em 2002 e contribui com o desenho e construção de soluções aos problemas da comunidade. O projeto desenvolve acampamentos de aprendizagem por construção, em várias comunidades. A idade dos participantes é variada e elas são sempre acompanhados por seus professores.

http://www.conicit.go.cr/boletin/boletin83/lutec.html

Fab Lab Kids Barcelona

O Fab Lab Kids Barcelona tem como objetivo promover o pensamento reflexivo, analítico e crítico. Seu programa é direcionado a crianças entre 10 e 16 anos, as quais são convidadas a desenvolver sua inteligência, criatividade e imaginação por meio de aspectos técnicos.

http://www.iaacblog.com/blog/2010/fablab-kids-fablab-barcelona/

Fab Lab Kids Sevilla

O Fab Lab Kids Sevilla possui atividades direcionadas a crianças com idade entre 7 e 12 anos. A ideia é possibilitar um conhecimento extra ao que é recebido por elas na escola tradicional e repassar, através da fabricação digital, o conhecimento acerca dos conceitos de colaboração, common space e open design.

http://heloisaneves.com/2012/11/15/fab-lab-kids-sevilla/

Happy Lab Vienna

O Happy Lab Vienna oferece workshops para crianças de 10 a 15 anos, fornecendo-lhes insights para o mundo da tecnologia da fabricação digital. O objetivo é familiarizar as crianças com o projeto orientado pelas novas tecnologias e máquinas de produção digitais.

http://www.happylab.at/en/junior/laubsaegen-war-gestern/

Fab Lab Kids - Garagem Fab Lab

O Garagem Fab Lab oferece às crianças o contato com ferramentas de programação, eletrônica e fabricação digital através de workshops isolados e contínuos. O objetivo é fazer com que as crianças aprendam brincando através dos mais diferentes kits digitais contendo impressoras 3D, tintas condutivas, softwares que lhes ajudem a construir objetos, placas eletrônicas interativas etc. O objetivo é fornecer-lhes ferramentas para que possam obter um pensamento baseado em processos inovadores.

www.facebook.com/garagemfablab

Fab Lab@School

Paulo Blikstein, professor na Universidade de Stanford é o responsável pelo programa chamado Fab Lab@School. Este programa é composto por uma série de oficinas para o ensino da ciência como diversão a alunos de ensino médio. O objetivo do programa é permitir aos estudantes, juntamente com seus professores, utilizar o Fab Lab como ferramenta pedagógica. Trabalhar sobre experimentação, produtos e protótipos para resolução de problemas correntes é o cerne da formação. Os primeiros experimentos do Fab Lab@School foram inaugurados na Rússia em 2011.

www.tltl.stanford.edu/projects/fablabschool

Fabschool Kids Amsterdam

O projeto dedicado às crianças no Fab Lab Amsterdam segue o modelo do Fab Lab@School e, segundo eles, é uma versão light deste. Ele é composto de workshops acerca de diferentes temas e utilizadiversas plataformas de interatividade.

http://waag.org/en/project/fabschool

Fab Academy

O Fab Academy[3] é um curso bastante consolidado na rede Fab Lab. Ele teve início como um projeto de extensão do CBA-MIT e se espalhou pelo mundo através da rede Fab Lab. O Fab Academy foi estruturado segundo um curso regular do MIT, o famoso "How to Make (almost) Anything", também ministrado pelo Prof. Neil Gershenfeld e instrutores de seu grupo de pesquisa. Ele foi lançado para fornecer acesso à instrução avançada para usuários e Fab Managers e vincula grupos de alunos e instrutores em Fab Labs locais com aulas via videoconferência.

A videoconferência é realizada pelo próprio Prof. Neil Gershenfeld e os instrutores locais são responsáveis pelas atividades práticas desenvolvidas localmente. Apesar do curso apontar para uma educação à distancia, contradiz esta regra devido ao fato de dedicar muitas horas a exercícios práticos nos laboratórios locais.

O Fab Academy oferece disciplinas em relevantes temas técnicos e o diploma visa uma formação integrada entre o campo da teoria e o profissional. Os

---

3 Cf. http://www.fabacademy.org/

instrutores são formados em diversas áreas (engenharia, computação, arquitetura, design e artes). Sua duração é de 5 meses (janeiro a maio) e o aluno é avaliado pela realização e documentação das atividades semanais propostas e não pelo seu êxito. O importante é o processo e não o resultado final, desde que documentado e demonstrado que o aluno fez tudo para que a tarefa fosse cumprida da melhor maneira.

O conhecimento e informação para a realização técnica das atividades semanais encontram-se distribuídos pela rede. As dúvidas são sanadas tanto pelo professor Neil Gershenfeld durante suas aulas por videoconferência, quanto pela troca de conhecimento e experiências entre os alunos, presencialmente ou via lista de e-mails. Há ajuda mútua entre todos os participantes e o conhecimento vai sendo construído colaborativamente.

As aulas versam em torno dos seguintes assuntos:

Princípios e Práticas: Introdução aos ideais da rede Fab Lab, explicação sobre o projeto final de curso, explanação sobre o uso correto e responsável do laboratório.

Gerenciamento de Projeto: Sistemas de sincronização de arquivos, sistemas version control, desenvolvimento web, sistema de gestão de conteúdos (blog-wikis), sistema de vídeo_conferência, desktop remoto, programas de gestão de projetos, princípios da gestão de projetos.

Desenho Assistido por Computador: Desenho 2D, desenho 3D, softwares de áudio e vídeo, sogtwares de modelagem.

Corte assistido por computador: Princípios dos processos CAD (computer aided design), exemplos de processos de corte, funcionamento da cortadora de vinil, funcionamento da cortadora a laser, Fab Modules software.

Produção de Eletrônicos: Fabricação de placas de circuito impressa (PCB), tipos de materiais utilizados para fabricação de uma PCB, fabricantes de PCB, componentes eletrônicos, breadboards, montagem de placas, sistema CAM (computer aided manufacturing).

Máquina Controlada por Computador: exemplos de máquinas, materiais empregados em cada modelo, fornecedores de materiais, ferramentas utilizadas pelas máquinas, detalhes técnicos de funcionamentos das máquinas, formatos de arquivo.

Desenho de Eletrônicos: componentes eletrônicos, tipos de circuitos, desenho de circuitos.

Moldagem e Fundição: Tipos de moldes, materiais, aditivos, processos, segurança, maquinas digitais utilizadas no processo, softwares.

Programação de Dispositivos: Arquitetura de computadores, memória, periféricos, famílias de microcontroladores, fornecedores, tipos de processadores, data sheets, programadores, assembly language, linguagem C, IDE (Integrated Development Environment), interpretes, debugging.

Escaneamento e impressão 3D: processos aditivos x processos subtrativos, restrições da impressão 3D, materiais, processos, máquinas, formatos de arquivo, softwares, tipos de escaneamento.

Dispositivos de Entrada: exemplos de processos de inputs (interruptor, luz, temperatura, step response, som, vibração, campo magnético, aceleração, orientação, movimento, carregamento, imagem)

Interface e Programação de Aplicativos: linguagens de programação, interface de dispositivos, interfaces de uso, interfaces gráficas, web, multimídia, matemática.

Dispositivos de Saída: segurança elétrica, componentes e processos (LED RGB, matriz de LED, LCD, vídeo, alto-falante, servo, motor DC, motor de passo, memória da forma.

Desenho Mecânico: fabricantes de peças, princípios teóricos, peças mecânicas.

Redes e Comunicações: interligação de sistema via bus, interconexão de sistemas abertos, física da tecnologia da informação, tipos de modulação, canais de compartilhamento de redes, possíveis erros, princípios técnicos de rede.

Compósitos: técnicas de composição de materiais, processos inovadores, uso de diferentes materiais.

Aplicações e Implicações: exemplos de aplicações de produtos fabricados em Fab Labs, no Center for bits and Atoms-MIT ou em outras versões do Fab Academy (eletrônicos, instrumentos musicais, brinquedos, jogos, arte, moveis, barcos, carros, veiculo aéreo não tripulado, casas, energia, redes, computação, agricultura, comida, biologia, maquinas, educação, serviço social.

Invenção, Propriedade Intelectual e Rendimentos: princípios teóricos da invenção, propriedade intelectual, copyrights, marca registrada, formas de empreender e obter rendimentos,

Projeto Final: O projeto final consiste na fabricação de um objeto ou sistema, utilizando o maior número de processos aprendidos durante o curso. É indispensável que o projeto final considere a utilização de eletrônicos e que a programação dos mesmos esteja incluída no processo.

Os vídeos de todas as aulas são disponibilizados na internet e estão abertos à visualização de qualquer um[4]. O Fab Academy é dirigido pelo professor Neil Gershenfeld, produzido por Sherry Lassiter, coordenado por Tomas Diez e os alunos são orientados por Anna Kaziunas França.

No Brasil, o Fab Academy teve inicio no ano de 2013 em São Paulo, através de uma iniciativa da Associação Fab Lab Brasil.

....
4 Cf. http://academy.cba.mit.edu/2013/videos/index.html

CAPÍTULO.6

Em direção a um novo paradigma da inovação

Os Fab Labs acompanham o movimento DIY

Por detrás do termo "do it yourself" (faça você mesmo), popularizado há mais de 10 anos pela Make Magazine[1] há uma ideia-chave: encorajamento da criatividade individual através da consciência e responsabilidade social. Muito popular nos Estados Unidos, o "faça você mesmo" faz parte do modelo de inovação típico dos inventores de garagem à imagem de Steve Jobs e Steve Wozniak quando desenvolveram o primeiro computador em sua garagem. Estes amantes da bricolagem (makers, em inglês) se interessam também por vestuário, costura, mobiliário, música, robótica, pelos "drones[2]" e automóveis. Dale Dougherty, redator-chefe da revista Make Magazine, diz que estas práticas não são novas. A única novidade é que elas ganharam impulso com a chegada da internet, o que permitiu a relação entre os makers e os espaços de discussão colaborativos. Com isto, o maker do nosso tempo não faz mais sozinho, e sim com os outros (DIWO – do it with others).

Por inúmeras formas, os espaços colaborativos do tipo wiki unem milhares de apaixonados que compartilham suas criações, conselhos e projetos. Estas atividades online dos makers se materializam de diversas maneiras mas, especialmente, através de um encontro envolvendo centenas deles, a Maker Faire[3], que hoje acontece em diferentes países e continentes. Estas práticas são a parte que emerge do iceberg e impulsionam o que o economista Eric von Hippel chama de inovação ascendente, a inovação realizada pelos próprios usuários (ou, atualmente chamados prosumers).

....
1 Cf. http://makezine.com/
2 Veículo aéreo não tripulado
3 Cf. http://makerfaire.com/

Os Fab Labs: plataformas de inovação ascendente

Eric von Hippel em sua obra Democratizing Innovation[4] explica o processo de inovação ascendente conduzida pelo usuário. Segundo von Hippel, sempre pensamos que as empresas desenvolveriam os novos produtos para os consumidores e que estes seriam apenas compradores passivos consumindo tais produtos. Porém, pesquisas ao longo dos últimos dez anos mostraram que os consumidores por si mesmos são a origem de muitas inovações. Em uma publicação recente da Sloan Managemente Review[5], von Hippel, apoiando-se nas várias pesquisas internacionais realizadas na Grã-Bretanha, Estados Unidos e Japão, demonstra que uma parte não negligenciável da inovação é produzida por estes "consumidores-inovadores". Nos três países analisados, a figura deste inovador é representada, em sua maioria, por pessoas do sexo masculino cujo nível de escolaridade é alto e relacionado a áreas de estudo mais técnicas, como a engenharia. Estes inovadores, por suas práticas, paixão e hobby, alcançam as competências profissionais que lhes permitem desenvolver novos produtos.

Estas pesquisas demonstram que estamos no meio da maior mudança de paradigma das últimas décadas. Passamos do paradigma da inovação vertical focada na inovação pela produção (paradigma schumpeteriano) para uma inovação centrada no usuário. Para Schumpeter, economista americano do início do século XX, são os produtores que deveriam iniciar a mudança econômica e, se necessário, educar os consumidores para elas. Neste paradigma, apenas os produtores acabam por ter receitas e expectativas de ganhos com a inovação porque eles são os únicos que identificam as necessidades dos consumidores e desenvolvem os produtos certos. No entanto, as pesquisas de von Hippel mostram que isso está longe de ser o real, pois há evidências de que não é tanto o produtor quem inova, mas sim os usuários piloto.

Estes usuários apareceram pela primeira vez nos mercados de nicho, onde as empresas não costumam investir, por eles serem ainda muito pequenos e pouco vantajosos. Quando o Dr. John Gibbon, inventor do coração e pulmão artificiais, propôs aos industriais a fabricação de tais órgãos, a primeira resposta foi negativa. Os profissionais argumentaram que o mercado era muito pequeno e que não possuíam as competências necessárias para realizar tais produtos. Sendo assim, Gibbon acabou por desenvolvê-los por si próprio, antes do interesse do setor industrial e do mercado. Eric von Hippel, comparativamente, cita o surf e o skateboard como um outro exemplo de inovação pelos usuários. Este produto foi inventado nos anos 1970, por crianças, através do próprio uso, as quais começaram a fixar rodas de patins a uma prancha. Em seguida, esta ideia foi difundida largamente para outros esportes náuticos, em particular o windsurf.

O grande salto deste tipo de inovação está em um detalhe: a concepção e as

---

4 Verificar o livro de Eric von HIPPEL "Democratizing innovation. Cambridge: MA, MIT Press, 2005. Obra publicada sob licença livre: http://web.mit.edu/evhippel/www/democ1.htm
5 Cf. http://sloanreview.mit.edu/article/the-age-of-the-consumer-innovator/

modificações feitas pelos primeiros usuários não são protegidas, o que permite uma difusão e uma adaptação rápida. Atualmente, as ferramentas digitais (sites, web, blogs, plataformas colaborativas) permitem uma maior e mais veloz transmissão dessas inovações e seu nível de propriedade oferecem ferramentas para melhor estimar o tamanho do mercado potencial. Em outras palavras, os inovadores desenvolvem não somente novos produtos, mas igualmente dados preciosos em termos de marketing. Um dos desdobramentos possíveis deste processo é o interesse de algumas empresas, principalmente as pequenas empresas e startups, que se apoderam destes dados, produzem e vendem estes novos produtos a partir do momento em que o mercado e a propagação atingem um nível aceitável. Se, por sua vez, o mercado atinge um tamanho suficiente, grandes empresas também participam do processo via aquisições, que vão ajudar a aumentar esta difusão inicial. Estas empresas, mesmo se não desenvolveram os novos produtos, realizarão mudanças, novas integrações, tornando-os mais confiáveis ao usuário.

Esta abertura das informações iniciais, que pode resultar em diferentes processos (como o citado acima de apropriação por empresas, ou ainda os processos mais alternativos que veremos adiante) revela o potencial das comunidades inovadoras. A inovação ascendente, descentralizada e aberta foi favorecida pela internet que, consideravelmente, diminuiu as barreiras à inovação, permitindo a muitas pessoas criar, compartilhar e passar à atores do processo. A maioria das inovações da internet provém de pequenos inovadores membros de um ecossistema maior, que se apropriam da internet como uma plataforma de desenvolvimento.

Estas práticas de inovação aberta, herdadas da internet voltam ao mundo físico, como sublinha Neil Gershenfeld. O sucesso crescente de plataformas de venda DIY e o financiamento de espaços colaborativos dedicados aos makers por grandes atores mostram que a inovação pelos próprios usuários afeta cada vez mais a economia. Os Fab Labs, à sua escala, favorecem também a inovação ascendente, democratizando a fabricação pessoal. Eles são como a internet, verdadeiras plataformas de inovação ascendente e aberta.

Essa difusão da inovação pelos usuários é claramente o modelo majoritário implantado nos Fab Labs. A publicação de códigos, de projetos, a possibilidade de se replicar, de melhorar o projeto para beneficiar os outros, permite uma inovação rápida e incremental. Durante a apresentação de von Hippel na conferência inaugural do i3 (Institut Interdisciplinaire de l'Innovation) em Paris em 2012, um dos participantes levantou uma questão sobre a relação ente a inovação ascendente e Fab Labs. Para o professor, mesmo que seja difícil afirmar que o paradigma da inovação parece estar inclinando, os Fab Labs, pelas possibilidades que permitem e pela cultura do compartilhamento que oferecem, se inscrevem nesta mudança. Eles podem desencadear processos alternativos de produção, diferentes da produção em massa. Mas, que auxiliarão numa alternativa para a produção destas inovações alcançadas pelo usuário. Não se trata de tentar reproduzir num Fab Lab um processo fabril de produção em massa, mas sim de se criar novos processos de produção que atendem a um público também em mudança.

O primeiro passo para um panorama como este já foi dado, a partir do momento em que algumas empresas começaram a se conectar com a inovação ascendente, incorporando a voz do usuário à fase de pesquisa e desenvolvimento. No entanto, em um panorama geral, a produção em si ainda não foi alterada consideravelmente.

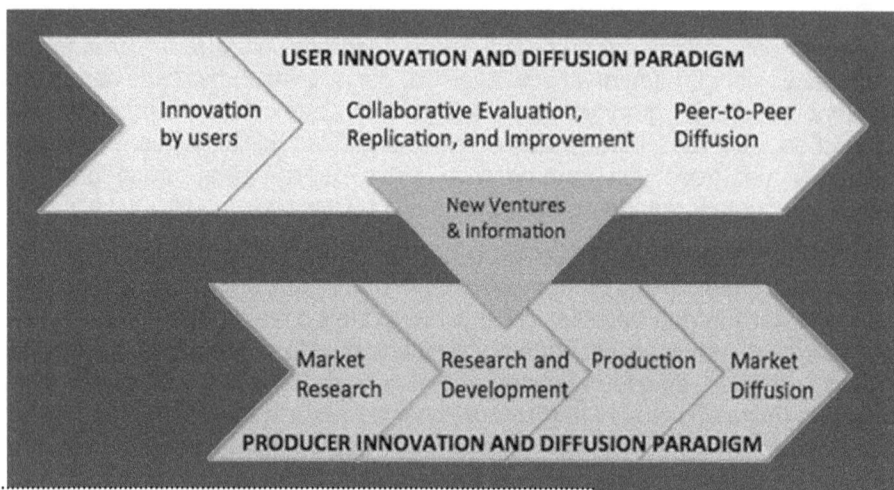

USER INNOVATION AND DIFFUSION PARADIGM

Innovation by users

Collaborative Evaluation, Replication, and Improvement

Peer-to-Peer Diffusion

New Ventures & Information

Market Research

Research and Development

Production

Market Diffusion

PRODUCER INNOVATION AND DIFFUSION PARADIGM

Ilustração por Raasch, Christina and Von Hippel, Eric A., Modeling Interactions between User and Producer Innovation: User-Contested and User-Complemented Markets (June 7, 2012), p. 2. Available at SSRN: http://ssrn.com/abstract=2079763 or http://dx.doi.org/10.2139/ssrn.2079763

Isto significa que, apesar destas comunidades de usuários inventores terem realizado verdadeiras proezas, a produção destes objetos ainda se encontra majoritariamente nas fábricas tradicionais. Nos múltiplos casos estudados por von Hippel, os projetos desenvolvidos permanecem em sua maioria artesanais, ou passam à pequena série e se destinam aos mercados de nicho, não atingindo um mercado global comparável com o da produção tradicional. O que acontece é que quando o protótipo se difunde e recebe uma boa acolhida, e está pronto para a fase de produção, duas coisas podem acontecer: ou ele é reprimido por um industrial que torna-o um produto integrado à sua produção tradicional; ou uma empresa crescente terceiriza a produção do mesmo em fábricas também tradicionais.

Um caso bastante conhecido é o da DIY Drones[6], uma comunidade de apaixonados por veículos aéreos não tripulados. Esta comunidade compartilha não somente esta paixão, bem como os esquemas e planos para a construção destes objetos através de uma licença livre. Não importa quem possa aproveitar e reproduzir, a comunidade se interessa em compartilhar informações. O alto nível, a quantidade de informações e a complexidade das cartas proje-

---

6 Cf. www.diydrones.com

tuais, fez emergir uma possibilidade de negócio. A empresa 3D Robotics[7] foi criada neste contexto, a fim de interconectar as ideias da comunidade a uma produção. Toda a concepção vem da comunidade, mas a produção é feita por profissionais através de métodos semi-tradicionais de produção.

O caso da comunidade DIY Drones, poderia ter uma produção realizada de outra maneira, sem fazer uso das fábricas chinesas de produção? Poderia-se pensar em uma produção distribuída ou que contemplasse espaços de fabricação como os Fab Labs, Tech Shops ou makerspaces em geral? Os Fab Labs hoje em dia, ou num futuro próximo, podem tornar-se uma alternativa à produção em massa, colaborando com a produção em pequena serie ou personalizada? Isto daria um alavanque na inovação ascendente, possibilitando a estes inventores também produzirem seus inventos? Ou, todo processo de inovação, em sua fase final, necessariamente passará por uma fase industrial e/ou uma terceirização nos países capazes de produzir a baixo custo? Estas questões ainda não podem ser respondidas ou demonstradas por exemplos, visto que estamos em uma fase ainda inicial do problema. Mas, já podemos visualizar possíveis panoramas, que serão discutidos a seguir.

Da prototipagem à produção

Os laboratórios abertos dedicados à fabricação digital e pessoal já se encontram inseridos neste paradigma maior de inovação ascendente. Porém, quando se trata da sua capacidade de fabricação, de sua possibilidade de ser a correia de transmissão entre a prototipagem e uma produção real, ainda existem discordâncias, tais como descritas a seguir.

De um lado, usado por vários atores dos Fab Labs, mas igualmente em estudos prospectivos, a evolução destes espaços se inscrevem em uma lógica de re-localização da produção e de uma produção por demanda através de fábricas flexíveis.

Do outro lado, uma visão frequentemente desenvolvida por empreendedores, ou mesmo grandes grupos industriais veem este tipo de espaço como uma etapa indispensável na criação de novos produtos (fase de criação e protótipo). No entanto, ainda acreditam que a fabricação passará, necessariamente, pela industrial e/ou por uma terceirização nos países capazes de produzir a baixo custo.

A primeira visão se inscreve num mundo em crise: o aumento do custo da matéria-prima, a energia, a crise financeira e ecológica colocam nosso modelos de produção atual em tensão. Esta crise permite perceber um repatriamento parcial da produção nos países ocidentais. Os modelos atuais de Fab Labs e os que ainda estão por vir[8] permitem desenvolver fábricas flexíveis[9] mais pró-

---

7 Cf. http://store.3drobotics.com/
8 Verificar sobre esta informação no subitem sobre o futuro dos Fab Labs
9 Verificar a este respeito, os trabalhos coletivos de prospectiva da Foundation Internet Nouvelle Generation (Fing). "Vers la industrie de proximite" em fing.org - http://fing.org/?Vers-l-industrie-de-proximite&lang=fr

ximas das cidades ou dentro delas, a fim de responder aos problemas locais. A fabricação ocorreria por demanda, por lugares cuja linha de produção possam rapidamente ser reconfigurados e adaptados às múltiplas necessidades. Alguns citam este processo como "novo-artesanato" ou "nova-indústria", e os Fab Labs como os primeiros frutos.[10] Sendo assim, os curto-circuitos seriam privilegiados e a produção e fabricação seriam distribuídas nas unidades de produção local via desmaterialização dos projetos e processos para atender às demandas de uma lógica de rede.

Se esta primeira visão pode parecer utópica, a cidade de Barcelona, presa a uma crise econômica e um desemprego galopante lançou o programa Fab City[11]. Este projeto visa instalar uma quinzena de Fab Labs na cidade, cada um com suas especificidades de materiais, de competências e de usos (reparação, fabricação, reciclagem), os quais serão acompanhados por um Green Fab Lab[12], cujo objetivo será criar as matérias-primas. Estes laboratórios funcionariam como pequenos espaços de produção alternativa, possibilitando novos caminhos não somente para a criação, mas também para a produção dos bens. Para Tomas Diez, Fab Manager do Fab Lab Barcelona, a cidade de Barcelona possui uma antiga tradição artesanal e igualmente industrial. Esta iniciativa experimental permitirá colocar em prática um "remédio anti-crise" durante o teste em larga escala das possibilidades oferecidas pelas fábricas flexíveis.

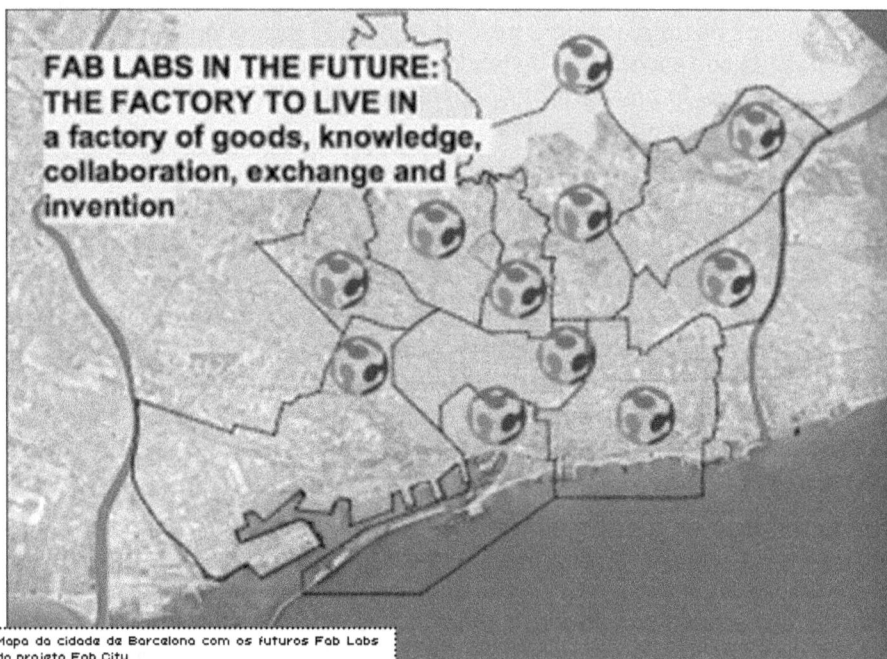

Mapa da cidade de Barcelona com os futuros Fab Labs do projeto Fab City

10 Cf. http://capdigital.webconf.tv/conf/table-ronde-la-neoindustrialisation.html - Intervenção do designer Jean-Louis Fréchin na conferencia "La neoindustrialisation", organizada por Cap Digital
11 Cf. http://owni.eu/2011/11/01/fab-labs-incubators-of-the-future/ e também o TED de Tomas Diez sobre o tema: http://www.youtube.com/watch?feature=player_embedded&v=EEWRiW1naFc
12 Cf. http://www.valldaura.net

A segunda visão, que pode ser encontrada no discurso de alguns outros atores importantes, em particular por Chris Anderson[13] e Tim O´Reilly[14]. Para eles, a cultura do DIY está voltando a ter vigor na vida dos americanos. Apesar dela sempre estar presente, hoje em dia é capaz de alcançar maior escala devido à rede de internet que conecta os makers, ao menor preço das ferramentas de prototipagem e de produção e aos espaços de criação como Fab Labs, Tech Shops e outros lugares dedicados à fabricação digital e pessoal. No entanto, estes atores ainda acreditam na produção em massa no final do processo, atrelado a grandes e centralizadoras fábricas, como as da China por exemplo. Chris Anderson, em seu livro "Makers: A Nova Revolução Industrial"[15] descreve alguns exemplos, onde a seguinte visão fica clara: se estes espaços abertos dedicados à fabricação pessoal juntamente com as práticas digitais permitem realizar os protótipos e pequenas séries, a produção em escala ainda é realizada nas grande fábricas tradicionais.

Um caso que pode ser considerado um intermediário entre estas duas visões é a experiência de Patrick Buckley, o criador do Dodocase[16], uma empresa que fabrica cases para Ipad. O empreendedor explica em uma entrevista[17] que através do Tech Shop, conseguiu produzir um protótipo por menos de 500 dólares, o que viabilizou seu projeto. Com o protótipo em mãos, ele desenvolveu ainda no Tech Shop uma pequena série para teste de mercado. Com o sucesso deste teste, ele acabou por empregar muitos pessoas (usuários do mesmo Tech Shop) para responder à primeira demanda. Mas, com o contínuo sucesso teve que pensar em uma nova estratégia de produção e a alternativa foi criar uma "fábrica" em pequena escala, totalmente flexível[18] que possuísse algumas características de uma fábrica tradicional mescladas a um ambiente mais humano e totalmente maleável.

A empresa Ford, por exemplo, co-financiou a abertura do Tech Shop de Detroit[19] e seus funcionários utilizam o espaço como espaços de criação e prototipagem de suas ideias. Para Bill Coughlin, CEO da Ford, a empresa não esta lá como predadora dos projetos que podem emergir, mas sim para acompanhar os makers no processo de criação de atividade econômica. Se um maker pode ser bastante criativo, ele pode não ser tão bom em uma estratégia de marketing, de venda, etc. Para Coughin este é o momento que a Ford pode intervir tanto para contratar esta pessoa quanto para ajuda-la a desenvolver seu produto.

A Renault é outra peça importante nesta discussão, bem como a AirBus. No caso da Renault ela se conectou com o movimento dos Fab Labs, utilizando essa metodologia para repensar os processos de produção. Já a AirBus é uma

....
13 Verificar em particular o artigo da revista Wired: "In the next industrial revolution, atoms are the new bits", http://www.wired.com/magazine/2010/01/ff_newrevolution/
14 Cf. http://oreilly.com/tim/
15 Chris Anderson. Makers: A Nova Revolução Industrial. Brasil: Campus, 2012
16 Cf. http://www.dodocase.com/
17 Cf. http://money.cnn.com/2010/09/14/technology/techshop/index.htm
18 Cf. http://makehackfab.tumblr.com/post/50104657189/dodocase-factory-tour - Artigo por Camille Bosqué
19 Cf. http://www.wired.com/design/2012/05/ford-techshop/ - "Ford+Techshop: getting employees to thinker"

espécie de apoiadora do Fab Lab Toulouse, na França, e utiliza este espaço para produção de protótipos e também para estar mais próxima das mentes criativas e dos usuários inovadores que utilizam estes espaços, beneficiando-se assim da possibilidade de se conectar em primeira mão com as inovações destes usuários piloto.

Como visto, estas duas visões não se afrontam. Elas podem tanto coexistir e ser fundamental na criação de processos que se mesclam. Se os Fab Labs e outros espaços dedicados à fabricação digital e pessoal são reconhecidos por todos como um espaço capaz de prototipar e realizar pequenas séries; a fabricação em grande escala continua a ser prerrogativa da maioria das indústrias atuais. Porém, se a produção padronizada e de massa vier a experimentar um declínio, pela demanda crescente em produtos fortemente personalizados ou únicos, o Fab Lab como uma unidade de fabricação local terá seu lugar. O mundo vem passando por muitas transformações, e por estarmos imersos nesta mudança de paradigma, ainda não conseguimos apontar cristalizações, somente panoramas de como o processo se desenvolverá.

O Futuro dos Fab Labs

Estes processos que futuramente poderão ocupar espaços fora das grandes fábricas devem ser acompanhados também por avanços em maquinário, processos e novas tecnologias. Em inúmeras entrevistas, Neil Gershenfeld, assim como outros autores pesquisados ou especialistas da fabricação digital, traçam a evolução destes novos espaços de criação e produção. Este itinerário, em seus primeiros pontos, já está parcialmente implementado.

Na visão de Neil Gershenfeld, os Fab Labs encontram-se hoje entre o patamar Fab Lab 1.0 e o Fab Lab 2.0. O primeiro modelo é algo que conhecemos: as máquinas são compradas comercialmente e fabricadas industrialmente, sendo reparáveis, mas não pensadas para ser "hackeadas" ou modificadas. E seu uso compartilhado é uma solução interessante para vencer a barreira do alto valor a ser investido para a compra das mesmas.

Na versão 2.0, as máquinas presentes em um Fab Lab são produzidas e re-produzidas por sua equipe e pelos usuários. Para Gershenfel, o Fab Lab 2.0 situa-se entre os traços do que John Neumann[20] nomeia o construtor universal. Ou seja, as máquinas podem tornar-se auto-replicantes. O movimento RepRap faz parte deste contexto. Algumas peças que a compõem são fabricadas pela própria impressora. Em um futuro próximo, uma impressora deve ser capaz de produzir integralmente uma nova impressora. O projeto RepRap não está sozinho, pois hoje em dia praticamente todas as máquinas de um Fab Lab podem ser criadas "artesanalmente". Muitos projetos de fresadoras e mesmo de cortadoras a laser open source estão emergindo. O próprio Center for Bits and Atoms contribui com este cenário através do projeto "Machine that Make", dedicado ao desenvolvimento de máquinas open source de comando numéri-

....
20 Cf. http://pt.wikipedia.org/wiki/John_von_Neumann

co. Este Fab Lab 2.0 permite reduzir os custos em equipamentos e favorece a difusão do conceito.

A versão 3.0 da fabricação digital ainda está em estado de protótipo nos laboratórios de grandes universidades como MIT ou Cornell. Nesta visão, máquinas são capazes de montar peças de diferente natureza. As impressoras 3D, neste caso, deveriam ser capazes de unir diferentes materiais com várias cabeças de impressão para fabricar elementos inteligentes. Os protótipos das máquinas existem, e devem estar presentes no mercado daqui aproximadamente dez anos.

Finalmente, na versão Fab Lab 4.0, o material, por si próprio será programável. As peças se auto-reconfigurarão à imagem da genética. Os pesquisadores[21] falam de "moteins"[22], que são proteínas mecânicas. Para Neil Gershenfeld, esta versão Fab Lab 4.0 não vai sair dos laboratórios em pelo menos 20 anos. Porém, esta evolução vai desafiar a maneira de produzir e abrirá novas perspectivas. Por exemplo, a matéria inteligente e programável poderia, no caso da construção civil, modificar a estrutura dos edifícios em função das condições climáticas, reorganizando-se segundo as lógicas definidas.

Se esta visão dos Fab Labs parece muito futurista, deve-se notar que Gershenfeld não é o único a desenvolver esta tese. O MIT, bem como a Cornell University e o CEA na França propõem linhas de pesquisa muito próximas. A questão subjacente é saber quando esta tecnologia sairá dos laboratórios e poderá efetivamente ser encontrada em Fab Labs para o uso cidadão.

Apesar do próprio criador da rede admitir que o modelo Fab Lab 4.0 está longe de ser implantado, quando vivenciamos o dia-a-dia destes laboratórios e trocamos experiências com pessoas tão competentes, é fácil predizer que chegaremos, seguramente, neste cenário. As mentes mais criativas realmente estão habitando estes espaços alternativos e, através de seus processos colaborativos e inovadores, estão concretizando a revolução econômica, tecnológica e social tão esperada e desejada por todos.

....
21 Cf. http://www.internetactu.net/2012/04/18/au-dela-de-limpression-3d-lautoassemblage/
22 Moteins (proteína mecânica). Cf. Keneth C. Cheung, Eri, D. Demaine, Jonathan R. Bachrach, and Saul Griffith, "Programable Assembly With Universally Foldable Strings (Moteins)" - http://cba.mit.edu/docs/papers/11.08.fold.pdf

agradecimento e rumo ao futuro

Este livro, em sua reedição brasileira foi possível graças a todas as pessoas que nos ensinaram o que é verdadeiramente a rede Fab Lab. Mais do que isto, que nos ensinaram como colaborar verdadeiramente por um ideal comum que aqui no Fab Lab se concretiza através do empoderamente de cada indivíduo e do seu preparo para um mundo tecnológico, digital, conectado, mais humano, aberto e acessível.

Obrigado a todos os Fab Managers com os quais tivemos o privilégio de conhecer e trabalhar juntos, a toda a equipe e usuários dos Fab Labs que nos permitiram vivenciar e compartilhar projetos fantásticos.

Obrigado a todos aqueles que, generosamente, nos ensinaram através de seus atos o que é verdadeiramente colaborar, trocar, compartilhar; palavras estas tão simples de serem pronunciadas e tão dificeis de serem postas em prática.

Especialmente para a reedição brasileira, obrigado a todos os envolvidos na Associação Fab Lab Brasil, os membros, conselheiros fiscais e diretores que nos apoiaram na realização deste livro. Obrigado também ao Eduardo Lopes, por ter carinhosamente disposto seu tempo e sua experiência para engrandecer e tornar mais aprofundado tecnicamente o capítulo dedicado ao maquinário de um Fab Lab. À Ana Lucia Domingues por ter generosamente revisto o texto, tornando-o mais claro e acessível. E obrigado ao Garagem Lab, especialmente ao Marco Rossi, por apoiar a Associação Fab Lab Brasil e a realização deste projeto em especial.

Obrigado ao Paulo Fonseca - Alex Garcia - Juliana Henno (Fab Lab São Paulo), Benito Juarez - Victor Freundt (Fab Lab Lima), Jose Perez de Lama (Fab Lab Sevilla), Tomas Diez (Fab Lab Barcelona), Alex Schaub (Fab Lab Amsterdam), Nicolas Lassabe (Artilect - Fab Lab Toulouse) e Laurent Ricard (Fac Lab Paris) por alargar nossa visão da rede, de seus modelos e princípios.

Também agradecemos a Sherry Lassiter e Neil Gershenfeld por seus exemplos e por nos permitir fazer parte desta grande rede.

E, de minha parte, Heloisa Neves, obrigada também ao Fabien Eychenne por me proporcionar esta oportunidade de contribuir com a reedição deste livro para o público brasileiro.

E para o futuro? Na verdade, não queremos ser gurus que traçam o futuro; queremos construir este futuro de uma rede de Fab Labs brasileira junto com todos vocês.

.... ilg wge